LE MYSTÈRE LAGERFELD

Laurent Allen-Caron

avec la collaboration de Patrick de Sinety

Le Mystère Lagerfeld

Fayard

Couverture : N. V.
Image extraite d'*Un jour, un destin : Karl Lagerfeld, être et paraître*, collection documentaire de Laurent Delahousse, réalisé par Laurent Allen-Caron, produit par Magnéto Presse, France 2, 19 février 2017.

Les citations tirées du documentaire *Un jour, un destin : Karl Lagerfeld, être et paraître*, collection documentaire de Laurence Delahousse, réalisé par Laurent Allen-Caron, produit par Magnéto Presse, France 2, 19 février 2017, ont pu faire l'objet de quelques légères retouches de forme à la demande de leurs auteurs.

ISBN : 9782213702087
Dépôt légal : janvier 2019

En mémoire de Patrick de Sinety

Avant-propos

Pas un jour ou presque ne passe sans que son bureau de presse n'annonce une nouvelle collaboration, un nouveau projet architectural, une nouvelle collection. Voilà plus de soixante ans que, sans relâche et à un rythme effréné, Karl Lagerfeld régénère sa créativité et livre à chaque fois une représentation idéale de l'air du temps.

Son incomparable acuité, son talent pour traverser les époques ont fait de lui un créateur unique, toujours présent, qui dessine lui-même chacun des modèles qui défileront dans des décors conçus comme des écrins.

Le monde de la mode n'est pas le seul à guetter les moindres faits et gestes de Karl Lagerfeld. Son aura dépasse largement les limites des podiums. Il est devenu une icône, presque un mythe. À lui seul, il incarne un pan entier de l'histoire de la mode.

Lagerfeld est allemand, mais c'est en France qu'il a décidé de devenir Karl, un personnage créé de toutes pièces et sur mesure, un logo vivant en noir, gris et blanc, qui rayonne dans le monde entier.

Son succès tient à un art de la maîtrise : n'exister que dans le présent, ne jamais se retourner sur son passé. L'équilibre est précaire, mais il lui permet d'être à la fois moderne et intemporel. De durer.

Il y a, bien sûr, un homme derrière la légende. Et une histoire. On ne peut évoquer l'une sans l'autre. Les découvrir, c'est revenir aux sources d'une réussite fascinante, à nulle autre pareille. Retrouver l'esprit des lieux et esquisser un portrait.

La robe des pages

Des banderoles ont été dépliées un peu partout dans les rues. Des manifestations se préparent dans le quartier. En ce mois de juin 2016, le soleil illumine la place de la Bastille et fait briller la facade de l'Opéra. À l'intérieur, non loin de la scène, les bruits de la ville, étouffés par les lourds rideaux noirs, sont à peine perceptibles. Il fait presque froid. Soudain, du fond des coulisses, une silhouette se détache dans l'obscurité. Pour ne pas trébucher, l'homme, qui pense ne pas être observé, retire un instant ses lunettes noires. Dans son regard se lit une forme de tristesse, de déroute. Il se dirige vers le halo de lumière qui se dégage des cintres.

Les journalistes, qui l'attendent depuis plus d'une heure, viennent de le repérer. Ils dégainent leurs caméras, brandissent les perches de leurs micros, allument leurs projecteurs. L'homme se rehausse, replace ses lunettes, puis s'avance, mitraillé par les flashs des appareils photo.

Karl Lagerfeld, le pape de la mode, créateur foisonnant de Chanel, de Fendi et de sa propre marque, est venu assister aux répétitions du ballet de George Balanchine, *Brahms-Schoenberg Quartet*, dont il a dessiné les costumes, à la demande du directeur du ballet de l'Opéra de Paris, Benjamin Millepied. Il porte une chemise blanche, une cravate noire, une veste cintrée et son habituel catogan. Son arrivée ressemble à une apparition. Du milieu de la salle, il observe maintenant la chorégraphie, entouré de ses plus proches conseillers. Droit, son regard ne quitte pas les danseurs. Il n'a pas retiré ses lunettes sombres.

Moins d'une heure plus tard, il remonte sur la scène. Entouré par les journalistes, il répond à leurs questions. L'exercice est maîtrisé ; il a plus que l'habitude. Pendant plusieurs minutes, ses réponses calibrées fusent. On se croirait à l'issue d'un de ses défilés. Derrière lui se dresse l'immense toile sombre qu'il a réalisée pour le décor. Elle représente un château nimbé de brumes, inspiré de plusieurs lieux de sa vie. Cet après-midi-là, sur la scène de l'Opéra Bastille, deux univers en apparence opposés se côtoient : la modernité d'une icône de la mode dont la gloire n'a rien à envier à celle d'une pop star et l'évocation nostalgique d'un monde finissant. Ils sont en réalité intimement liés. L'un cache l'autre. Une tristesse les conjugue. Celle d'un regard. Derrière la « marionnette » noire et blanche à laquelle le Kaiser de la mode aime à se comparer[1] se cache une histoire complexe, plus subtile, moins tranchée qu'il n'y paraît.

En regagnant l'ombre des coulisses, le couturier semble disparaître derrière le rideau opaque de sa propre légende. Les journalistes savent qu'ils doivent éteindre leurs caméras, fermer leurs micros. Dans cette zone invisible inexplorée, plane depuis toujours un mystère, qui suscite parfois la crainte.

1. Françoise-Marie Santucci, Olivier Wicker, « Lagerfeld, mercenaire de la provocation », *Libération*, 13 novembre 2004.

Le créateur s'est engouffré dans sa voiture, destination inconnue.

Son appartement est situé rive gauche, sur les quais, face à la Seine. Comme chaque nuit, la lumière blanche qui s'en échappe pourrait presque éclairer le fleuve. Les fenêtres, opaques, ne s'ouvrent jamais. L'antre secret est infranchissable. Derrière les vieilles pierres de l'immeuble se cache un repaire de plus de trois cents mètres carrés, à la décoration ultra-moderne. Une sorte de vaisseau spatial. Comme dans un film inspiré de Stanley Kubrick, les meubles gris, blancs et argentés, ainsi que le réfrigérateur de la cuisine en inox, rempli de Coca-Cola light, semblent attendre leur propriétaire depuis plusieurs milliers d'années. Seule trace d'un récent passage : l'amas de feuilles de papier, de livres et de journaux, dont le désordre trouble les lignes de fuite du décor futuriste. L'appartement pourrait sembler austère, il est en réalité fonctionnel. « C'est un lieu pour dormir, prendre son bain et travailler[1] », pré-

1. Cédric Morisset, « Dans le vaisseau amiral de Karl Lagerfeld », *AD*, 5 juin 2012.

cise Karl Lagerfeld. Sur l'une des tables en Corian repose une paire de lunettes noires. Un peu plus loin, deux mitaines en cuir. « Imaginez Karl dans le silence de sa chambre abandonnant ses lunettes noires, son faux col, son catogan... Qu'est-ce qu'il reste ? Personne ne sait. Il vit masqué. Et gare à celui qui veut le démasquer[1] », prévient l'ancienne rédactrice mode du *Figaro*, Janie Samet.

Karl Lagerfeld a ses habitudes. « Je préfère rentrer le soir, c'est l'avantage des avions privés. Je suis un honnête homme, je ne découche pas ! C'est à cause de Choupette, aussi[2]. » L'ombre déformée du chat sacré de Birmanie se dessine sur le sol. Mais son maître est-il vraiment chez lui ce soir ? Le couturier a réussi un tour de force : ne jamais être là où la planète entière l'imagine.

Les parois en verre dépoli qui s'alignent le long du mur pivotent. Elles laissent apparaître une immense bibliothèque. Des centaines d'ouvrages y sont posés les uns sur les autres du sol au plafond.

---

1. Entretien avec l'auteur.
2. Élisabeth Lazaroo, « Karl Lagerfeld : Brigitte Macron a les plus belles jambes de Paris », *Paris Match*, 21 juillet 2017.

Les livres sont sa vie, la lecture, une « maladie grave, une pathologie obsessionnelle[1] », dont il dit ne pas vouloir guérir. Le créateur, qui lit une vingtaine d'ouvrages à la fois, possède plusieurs bibliothèques à travers le monde, autant en tout cas que de maisons. Pourtant, parmi les trois cent mille livres d'art, de photos, parmi les romans, les écrits philosophiques en trois langues, seul un petit nombre d'ouvrages ne l'ont jamais quitté. Ils forment les pièces d'une histoire tout autant vécue que rêvée. Un fil secret relie *Les Mots* de Sartre à *Été brûlant* d'Eduard von Keyserling et aux poèmes de Catherine Pozzi. Le dérouler permettrait de comprendre comment s'est bâtie la légende du Kaiser, ce personnage de roman, inventé à l'encre des jours.

Parmi ces livres, l'un des premiers fut *Béatrix* de Balzac… Vers dix ans, le petit garçon allemand avait émis le désir de lire le roman qui trônait dans les rayonnages de la maison familiale. Elisabeth, sa mère, lui aurait rétorqué qu'il n'avait

1. Olivier Wicker, « Karl Lagerfeld se livre. Une interview exclusive pour le magazine *Obsession* », *Le Nouvel Observateur*, 23 août 2012.

qu'à apprendre le français. Alors il avait appris le français ; puis, après avoir déchiffré l'histoire, il avait été intrigué. « Je me rappelle Béatrix dans une loge, avec une écharpe de mousseline rose pour cacher ses rides au cou, à 32 ans. J'ai dit à ma mère : "Pourquoi cette idiote porte-t-elle une écharpe[1] ?" »

Sur une table de chevet trône un autre ouvrage, *De l'Allemagne*. Les mots de Madame de Staël convoquent des images lointaines, d'un autre pays, d'un autre temps, qui sont aussi un peu les siens. Ce passé, si souvent balayé d'un revers de main, n'est peut-être pas si loin.

1. Bayon, « Karl Lagerfeld, entre les lignes de Keyserling », *Libération*, 6 novembre 2010.

Dans un coin tranquille

Les derniers rayons d'un soleil froid pénètrent par l'une des fenêtres du grand manoir blanc. Ils viennent souligner les tons ocre et noirs les plus prononcés d'un tableau accroché au mur. Il s'agit d'une reproduction de *La Table ronde du roi Frédéric II à Sans-Souci* d'Adolf von Menzel. Une œuvre achevée en 1850, mais qui représente une scène antérieure d'un siècle, au cœur de l'Europe des Lumières : l'un de ces soupers privés, comme le roi de Prusse, archétype du despote éclairé, savait en organiser dans son palais de Potsdam, résidence d'été et refuge de ses plaisirs plus ou moins libertins.

La scène se tient dans une pièce circulaire. La lumière, qui pénètre par une porte-fenêtre ouvrant sur un jardin en terrasse, compose un savant mélange entre l'atmosphère d'intimité du repas, renforcée par les nuances mordorées des matériaux, et la gaieté badine, ensoleillée, qui en émane. Des colonnes corinthiennes soutiennent une coupole d'où descend un lustre en cristal de Bohême. Le monarque s'est entouré de neuf convives. Au centre, son visage est tourné vers celui de Voltaire qui s'entretient avec lui, légèrement courbé. Le philosophe est coiffé d'une perruque et vêtu d'un costume de velours mauve avec un jabot en dentelles.

Aux murmures du vent soufflant de la Baltique à travers les hauts arbres de la forêt toute proche du Schleswig-Holstein se mêle le bruit du papier froissé. À environ quarante-cinq kilomètres au nord de Hambourg, non loin de la petite ville de Bad Bramstedt, au domaine de Bissenmoor, un enfant dessine dans le silence de sa chambre protégée, sur un petit bureau. Il se dégage une chaleur douce de la commode, du petit lit et des bergères, du velours bleu qui couvre les murs. Comme noyé lui aussi dans la brume alentour, son âge semble indéfini.

Karl, le jeune propriétaire du tableau, a eu un coup de foudre pour celui-ci quelque temps plus tôt, devant une galerie, alors qu'il se promenait avec ses parents à Hambourg. Ainsi qu'il le raconte souvent[1], il aurait prié Otto et Elisabeth Lagerfeld de lui acheter cette peinture[2]. La surprise survint au pied du sapin de Noël. En déballant son cadeau, le petit garçon avait poussé un cri de consternation. Son père et sa mère s'étaient trompés. Des joueurs de flûte s'étaient substitués aux convives à perruque admirés dans la vitrine. Il aurait exigé instamment le tableau qui l'avait foudroyé. Ses parents avaient dû téléphoner à la galerie et la faire rouvrir le jour de Noël. À présent, le tableau est face à lui. « Il devait être impressionné par le cadre, avec ce décor architectural fastueux, ce grand lustre, la table avec les orfèvreries, cette perspective sur des jardins, et puis par la nature des convives, leurs perruques, leurs habits[3]. » « Il devait se demander ce qu'ils mangeaient, ce qu'ils se racontaient[4] »,

---

1. Marie-Claire Pauwels, « Karl le magnifique », *Le Point*, 7 juillet 2005.

2. Jacques Bertoin, « Karl Lagerfeld, marginal de luxe », *Le Monde-dimanche*, 27 avril 1980.

3. *Un jour, un destin : Karl Lagerfeld : être et paraître*, collection documentaire de Laurent Delahousse, réalisé par Laurent Allen-Caron, produit par Magnéto Presse, France 2, 19 février 2017.

4. Entretien avec l'auteur.

imagine l'historien de l'art Daniel Alcouffe. En fixant longuement *La Table ronde*, un monde lointain et fascinant s'anime, celui des cours européennes d'avant la Révolution, la France des Lumières et sa littérature, sa peinture, son architecture, son goût du détail, sa culture du raffinement. Car, derrière le décor prussien se devine le château de Versailles, dont les fastes ont inspiré Sans-Souci, et Paris qui servit de modèle à Frédéric II et à l'Europe éclairée. Le jeune garçon s'est renseigné.

Une évidence semble s'être imposée dans sa tête : plus tard, il sera l'un des personnages de ce tableau. Déjà, à six ans, sur le balcon qui donnait sur le salon de sa mère, il s'était « imaginé comme dans un livre de contes, [se voyant] comme une espèce de légende. [Il s'était] dit : "Je sais que je vais être célèbre, qu'on connaîtra mon nom dans le monde entier, c'est étrange[1]." » L'idée tourne à l'obsession. Elle finit presque par occulter son quotidien. Dans cette atmosphère hors du temps, difficile de croire que nous sommes en 1942 et

1. François Busnel, « Le grand entretien », *France Inter*, 23 novembre 2012.

que, non loin de la frontière danoise, la Seconde Guerre mondiale déchire le monde.

Après plusieurs allers-retours entre leur demeure de Blankenese, ce quartier huppé de Hambourg, et le domaine de Bissenmoor, les Lagerfeld ont décidé de se fixer dans la grande bâtisse blanche, achetée une dizaine d'années plus tôt, en attendant la fin des hostilités. Et ils ont bien fait. Car, en 1943, Hambourg est bombardé par les Anglais et les Américains. Nuit et jour, les forteresses volantes de la Royal Air Force et de ses alliés américains déversent un déluge de bombes sur le principal débouché maritime du Grand Reich, épicentre stratégique de ses forces navales. Les bombardements, qui anéantissent la ville pendant cet été-là, sont baptisés « opération Gomorrhe », en référence à la colère de Dieu qui envoya sur les villes impies de Sodome et Gomorrhe une pluie de feu et de soufre. Trente-cinq mille personnes sont tuées en une semaine. Hambourg est en partie détruit. D'épaisses fumées s'élèvent dans le ciel.

Pendant ce temps-là, le jeune Karl peut passer la plupart de son temps enfermé dans sa chambre, perdu dans les régions fantasmatiques d'une

Europe idéale. Comprend-il que l'Allemagne, aux mains des nazis, est en train de se déchirer dans le feu et le sang ? « Je me suis trouvé au seul endroit où il ne s'est rien passé. J'ai eu une chance incroyable, et ça ne m'a pas atteint[1] », affirme-t-il en 2015.

Certes, Bad Bramstedt n'est pas touché par les bombardements. Mais, pour Ronald Holst, il est « absolument impossible que Karl Lagerfeld, alors âgé d'une dizaine d'années, n'ait pas réalisé que la guerre faisait rage[2] ». L'historien affirme que les bombardiers attaquant Hambourg et Kiel étaient visibles depuis Bad Bramstedt, qui se trouve entre les deux villes. À l'issue de ces bombardements, 900 000 personnes sont obligées de fuir leur habitation et de se réfugier où elles peuvent, notamment à Bad Bramstedt. « Les appartements, les ateliers et les magasins ont été réquisitionnés et partagés. Les Lagerfeld ne pouvaient plus habiter l'intégralité de leur maison », poursuit l'historien[3].

---

1. Marc-Olivier Fogiel, *Le Divan*, France 3, 24 février 2015.
2. Entretien avec l'auteur.
3. Entretien avec l'auteur.

C'est ainsi que Sylvia Jahrke et ses parents, dont la maison vient d'être détruite, se retrouvent au manoir de Bissenmoor, après avoir fui les rues en flammes de Hambourg. Sylvia est née en 1934. Elle n'a alors qu'une dizaine d'années, mais se souvient très bien de son arrivée dans ce qui lui semble être un paradis : « C'était une vieille maison avec des colonnes, l'entrée était blanche, comme un petit château enchanté – c'est comme ça qu'on le voyait en tant qu'enfant. Et puis, il y avait un grand hall[1]. » Sa famille cohabite avec d'autres gens dans des petites pièces en haut de l'escalier de la majestueuse demeure. On y accède par une allée sinueuse plantée de chênes et de bouleaux. Vaste, confortable, elle a tout d'une villégiature bourgeoise. Un balcon, presque une coursive, ceint les deux tiers du premier étage. Une volée de marches qu'un enfant franchit d'un bond. Une véranda, large, protégée par un auvent soutenu par de minces colonnades. Des fauteuils en rotin, une table basse pour le thé et les pâtisseries. Sur l'un des flancs, on devine une sorte de tour aux

1. *Un jour, un destin : Karl Lagerfeld, être et paraître*, *op. cit.*

airs de gloriette géante surmontée d'un toit à quatre pentes.

Les rapports entre les réfugiés et les Lagerfeld sont distants, mais respectueux. « Monsieur et madame Lagerfeld me faisaient peur, raconte Sylvia. Lui portait des costumes sombres et une chevalière[1]. » « Elle se tenait toujours très droite. Je la percevais comme stricte, sa mère. Je ne l'ai jamais vu sourire. [Karl] avait une chevelure épaisse et sombre et un regard vif. Il était très calme et aussi poli. Il n'était pas un garnement, pas le genre d'enfant à aimer la bagarre[2]. » Ils ont à peu près le même âge, mais elle le voit rarement.

À défaut de tout comprendre, Karl intègre-t-il, même partiellement, le désastre en cours, qui touche jusqu'à son quotidien ? « Mes parents m'ont toujours protégé de tout et donné le sentiment d'être invulnérable[3] », explique-t-il. S'il est

---

1. Entretien avec l'auteur.

2. *Un jour, un destin : Karl Lagerfeld, être et paraître*, *op. cit.*

3. Marie-Claire Pauwels, « Karl le magnifique », *Le Point*, 7 juillet 2005.

préservé, c'est parce qu'il est le petit dernier, et qu'il sait se faire aimer. Contrairement à ses sœurs aînées, Martha Christiane et Thea, il ne se révolte jamais contre l'autorité. Ce n'est pas là sa seule différence avec elles. Martha Christiane se comporte en garçon manqué, monte aux arbres, court dans les bois de Bissenmoor avec les fils des paysans du coin. Même s'il aime les vaches qui entourent le domaine, Karl ne raffole pas des jeux bucoliques. Elfriede von Jouanne a bien connu la nurse des enfants Lagerfeld et se souvient de ce que celle-ci lui a confié : « Il n'aimait pas beaucoup ses sœurs. Certes, il jouait beaucoup avec elles, ça l'amusait de les habiller avec de vieux vêtements, mais il n'y avait pas de lien intime[1] ». Karl expliquera cette relation distante avec Martha Christiane et Thea : « Ce n'est pas que je ne les aimais pas, mais on ne se correspondait pas[2]. » En fait, il a choisi son camp, celui des adultes.

1. *Un jour, un destin, Karl Lagerfeld : être et paraître*, *op. cit.*

2. Marianne Mairesse, « Le petit monde de Karl Lagerfeld », *Marie-Claire*, 1er juillet 2005.

Homme érudit, Otto Lagerfeld, son père, parle neuf langues. Il incarne ces *self-made-men* qui ont offert à la révolution industrielle certains de ses mythes. On le dirait échappé d'un roman de Jules Verne, de Joseph Conrad ou d'Alexandre Dumas. En 1906, il a assisté au grand tremblement de terre de San Francisco, il a vu la ville détruite avec trois mille morts ensevelis sous ses décombres. Ronald Holst raconte que, fort de cette expérience, Otto Lagerfeld avait l'habitude de prodiguer ce conseil : « En cas de tremblement de terre, placez-vous contre une porte ; une porte, ça ne tombe pas. Un mur, en revanche, ça tombe. Voyez de quel côté tombe le mur et sortez par la porte dans la direction opposée[1]. » Quelques mois après ce séisme, on le verra arpenter Vladivostok, Khabarovsk et les villes de l'Extrême-Orient russe afin d'écouler le lait concentré Carnation, parcourir les immensités sauvages qui bordent le fleuve Amour en familier des wagons de première du Transsibérien fonçant à travers la steppe…

Selon Karl Lagerfeld, « après la guerre de 1914, [il] s'est mis à importer du lait concentré en

1. Entretien avec l'auteur.

Allemagne et en France. Puis il a bâti des usines dans ces deux pays avec les Américains[1] ». Son commerce est florissant. Trop âgé pour partir au front en 1939, Otto peut continuer de travailler, s'éloignant souvent du domicile familial. « Le siège de sa société, Glücksklee, était à Hambourg, rappelle Ronald Holst. L'usine la plus proche était à 100 kilomètres, les autres à 800 kilomètres[2]. » Il ajoute : « Il avait trois usines où il devait régulièrement se rendre. Donc il fallait qu'il s'absente souvent et ne s'est pas du tout mêlé de l'éducation des enfants[3]. » Otto a alors presque soixante ans et, pour son fils, l'aspect d'un vénérable vieillard : « Je ne le voyais pas beaucoup. Il n'aimait que le travail, il n'était pas très rigolo. Il était adorable, beaucoup plus gentil que ma mère, mais pas marrant[4]. »

Est-ce pour se faire pardonner ses absences qu'Otto Lagerfeld gâte son fils ? Il lui rapporterait

1. Anne-Cécile Beaudoin et Élisabeth Lazaroo, « Karl Lagerfeld, l'étoffe d'une star », *Paris Match*, 25 avril 2013.

2. Entretien avec l'auteur.

3. *Un jour, un destin : Karl Lagerfeld : être et paraître*, *op. cit.*

4. Marianne Mairesse, « Le petit monde de Karl Lagerfeld », article cité.

régulièrement des exemplaires de sa revue préférée, *Simplicissimus*, l'hebdomadaire de caricatures satiriques allemand, source d'inspiration pour le jeune garçon, qui y découvre les traits de Bruno Paul et d'autres illustrateurs captivants. D'après Elfriede von Jouanne, dessiner « était son activité principale quand il était seul. Il ne supportait pas d'être dérangé. Il adorait par-dessus tout le papier, mais il n'aimait que le papier blanc et vierge. S'il y avait la moindre chose écrite dessus, il n'en voulait pas. Enfant, il dessinait déjà des petits portraits et on pouvait reconnaître les gens[1] ».

À son mariage, en 1930, Otto avait quarante-neuf ans, et Elisabeth, tout juste une trentaine d'années. Il est âgé et distant, mais prévenant. « Il me disait : "Demande-moi ce que tu veux, mais pas devant ta mère[2]" », se souvient Karl. Son père comble ce qu'Elisabeth ne peut offrir à son fils, à commencer par une douceur bien-

1. *Un jour, un destin : Karl Lagerfeld, être et paraître*, *op. cit.*

2. Anne-Cécile Beaudoin et Élisabeth Lazaroo, « Karl Lagerfeld, l'étoffe d'une star », article cité.

veillante. « Ma mère me répétait : “Pour les bêtises que tu as à dire, parle plus vite, on n’a pas de temps à perdre[1]” », raconte souvent Karl Lagerfeld, déclinant à l’envi les exemples d’une cruauté en apparence perfide. « Elle passait sa vie à me dire des horreurs. “Il faut que je voie le tapissier, tes narines sont trop grandes, il faut qu’on mette des rideaux.” Est-ce qu’on dit ça à un enfant ? J’adorais les chapeaux tyroliens, mais elle me disait : “Tu as l’air d’une vieille lesbienne[2] !” » Ses longs cheveux noirs forment comme des anses sur les côtés… « Ma mère m’a dit : “Tu sais à quoi tu ressembles ? À une terrine de la manufacture de Strasbourg[3].” » Lasse de voir traîner son fils dans ses jambes, d’entendre ses questions sur les sujets les plus insolites, elle a pris l’habitude de se débarrasser du petit importun en l’accablant d’épigrammes. « Le petit Karl s’est essayé au piano. Il prenait des cours et jouait de temps

1. Jean-Christophe Napias et Patrick Mauriès, *Le Monde selon Karl*, Flammarion, 2013.

2. Olivia de Lamberterie, « Je sais dessiner, lire, parler, et c’est tout », *Elle*, 27 septembre 2013.

3. Christophe Ono-Dit-Biot, « La vie selon Karl Lagerfeld », *Le Point*, 1er novembre 2012.

en temps un morceau[1] », raconte l'historien allemand Ronald Holst. Un jour, alors qu'il répétait sur le clavier familial, sa mère lui lança : « Arrête de jouer, ça fait du bruit. Dessine. Au moins, ce sera silencieux[2] », rapporte-t-il.

Sa mère : affectueuse et blessante, révoltée mais aristocrate jusqu'au bout des ongles, hautaine en société mais d'une grande politesse avec son personnel, détestable et adorable, terriblement drôle. Sa mère : un paradoxe et un modèle. « J'ai eu les parents qu'il fallait : un père qui me permettait tout, et une mère qui me remettait à ma place et me tapait sur la tête[3]. »

En fait, Elisabeth calme les ardeurs d'un garçon qui se prend pour le centre du monde et se permet toutes les audaces. Une photographie le représente à quatre ans. Il arbore avec fierté ce que nul ne porte alors dans l'Allemagne du Nord : un *Lederhose*, l'habit vert folklorique bavarois ; les

---

1. *Un jour, un destin, Karl Lagerfeld : être et paraître*, *op. cit.*

2. *Ibid.*

3. Jean-Christophe Napias et Patrick Mauriès, *Le Monde selon Karl*, *op. cit.*

mains dans les poches, la tête penchée, il a l'air un peu provocateur.

Au lieu de subir les vexations maternelles, le jeune garçon apprend et se nourrit de ces réflexions, à la fois vaguement effrayé par le sort réservé à ceux qui s'y opposent, comme ses sœurs, bien vite envoyées en pension, mais surtout fasciné par l'autorité toute-puissante d'Elisabeth. « J'ai toujours bavé d'admiration devant son pragmatisme méchant et drôle[1] », confiera-t-il plus tard à propos de cette femme élégante, mélomane et violoniste, extrêmement cultivée, capable de traduire des textes philosophiques espagnols en allemand, et qui passait son temps à donner des ordres, allongée dans le fauteuil de sa bibliothèque, un livre à la main.

Une légende nimbe son passé et ses origines, de l'aveu même de Karl Lagerfeld : « Ma mère disait toujours : "Tu peux me questionner sur mon enfance et sur tout depuis que je connais ton père. Ce qui est au milieu ne te regarde pas[2]." »

---

1. Christophe Ono-dit-Biot, « La vie selon Karl Lagerfeld », article cité.

2. Anne-Cécile Beaudoin et Élisabeth Lazaroo, « Karl Lagerfeld, l'étoffe d'une star », article cité.

Que s'est-il donc bien passé dans la vie de cette femme pendant les années 1920, qui justifierait un secret ? Était-elle « vendeuse dans un magasin de lingerie féminine de Berlin quand le père de Karl a fait sa connaissance[1] », comme l'affirme la biographe Alicia Drake ? Ou la bergère était-elle aussi une aristocrate ? En 2003, Karl Lagerfeld avance au journaliste Bernard Pivot qu'Elisabeth était « la fille d'un haut magistrat prussien [...] ; son père, gouverneur de Westphalie, sous l'empereur Guillaume II[2] ». En tout état de cause, la passion de l'enfant pour sa mère semble infinie.

Les heures, les jours s'écoulent ainsi, indistinctement, rythmés par le bruissement des pages tournées et la course des crayons sur le papier. Le jeune garçon continue de lire, de rêver et de dessiner, dans un manoir blanc isolé du monde, caché par un rideau de grands arbres, que le réel n'a pas encore déchiré. « Je vivais dans un certain

1. Alicia Drake, *Beautiful People*, Denoël, 2008 ; Gallimard, coll. « Folio », 2010, voir p. 263.

2. *Double je*, produit et présenté par Bernard Pivot, réalisé par Bérangère Casanova, France 2, 27 février 2003.

passé, que je n'avais pas connu, que je pouvais imaginer[1]. »

Les magazines offerts par le père, tout comme le tableau de Menzel, couvrent la réalité, en atténuent la violence des assauts. Tout se passe comme si, inconsciemment, l'enfant maintenait en vie et sanctuarisait ce que la guerre et les bombes achèvent alors de raser : cet ancien monde, ce paysage allemand avec ses hôtels particuliers, ses palais avec leurs salons en enfilade, leurs boiseries précieuses, leurs plafonds peints de ciels bleus peuplés d'angelots, leurs jardins ornés de statues, de jeux d'eau, de recoins secrets ; tout ce raffinement qu'aura incarné le XVIIIe siècle jusqu'au paroxysme. Là, dans sa chambre, il pose les bases de son propre monde. Pour affronter une réalité moins fastueuse.

---

1. *Karl se dessine*, réalisé par Loïc Prigent, produit par Story Box, Arte, 2 mars 2013.

L'enfant terrible

Chaque matin, pour rejoindre l'école de Bad Bramstedt, Sylvia Jahrke longe seule la forêt et les prairies parsemées de vaches. Karl se déplace plus occasionnellement. Il préfère sélectionner les matières qui l'intéressent, déteste ses professeurs et leur enseignement : « … [ils] me rabâchaient tout le temps : "Vous ne savez que parler, mais en fait, vous ne savez rien.[1]" »

Il connaît déjà l'allemand, le français et l'anglais. Que lui apprendraient-ils ? Karl est comme un petit adulte. Une sorte de surdoué qui ne s'intéresse pas vraiment aux autres enfants et qui

1. Olivier Wicker, « Karl Lagerfeld se livre. Une interview exclusive pour le magazine *Obsession* », article cité.

dessine sans relâche. « Il était dans une classe juste au-dessus de la mienne, mais nous avions le même professeur d'art. Une fois, Karl avait caricaturé, aux traits noirs, sur un papier blanc, son professeur de mathématiques en train de se battre avec les fils d'une paupiette, son couteau et sa fourchette. Le dessin avait été exposé dans le foyer des élèves. C'était si réaliste que cela m'avait beaucoup impressionnée[1] », se remémore Sylvia.

Karl regarde, analyse. Il affûte son regard, résiste en silence à la meute. Sylvia poursuit : « Il était un peu en retrait dans la cour, il ne chahutait pas avec les autres, il ne se faisait pas remarquer[2]. » Ses rares camarades, il s'en sert sans vergogne pour faire, comme il le dira plus tard, non sans ironie, « tout ce [qu'il] n'avai[t] pas envie de faire [lui]-même, comme nettoyer [ses] bicyclettes. Mais certainement pas [ses] devoirs, ils étaient trop médiocres[3] ! ».

---

1. Entretien avec l'auteur.

2. Entretien avec l'auteur.

3. Anne-Cécile Beaudoin et Élisabeth Lazaroo, « Karl Lagerfeld, l'étoffe d'une star », article cité.

Karl évoquera le trouble qui l'a saisi après avoir vu *Le Ruban blanc* de Michael Haneke, dont l'histoire déroule juste avant la Première Guerre mondiale, à quelques dizaines de kilomètres du village où il a grandi. « J'en ai été malade pendant trois jours, parce que j'ai presque vécu ce qui est décrit dans le film. J'ai fui ces horribles gens[1]. » Les mentalités n'avaient guère évolué en trente ans.

Le contraste entre le jeune Karl et ses camarades est encore plus flagrant en ces temps tourmentés. Ronald Holst rappelle qu'« un garçon de cet âge était forcé d'aller aux Jeunesses hitlériennes, encadrées par des garçons très radicaux qui exigeaient la présence de tous aux réunions nocturnes. Les absents s'exposaient à leurs brimades, à expérimenter le cuisant contact de leurs ceinturons sur la peau[2] ». Même s'il n'existe aujourd'hui aucune trace de son passage dans les *Pimpf*[3], selon l'his-

1. Anne-Cécile Beaudoin et Élisabeth Lazaroo, « Karl Lagerfeld, l'étoffe d'une star », article cité.

2. Entretien avec l'auteur.

3. Source : *Bundesarchiv*.

torien, impossible que Karl ait pu se soustraire complètement à ses obligations de jeune Allemand. « Les enfants devaient être en uniforme. Karl, lui, refusait. Il allait à l'école avec une veste en tweed et une cravate. Il avait les cheveux très longs. Il ressemblait à un petit gentleman anglais. Cela a provoqué des représailles de la part de ses professeurs[1]. » Sa distinction peut signifier une révolte. « Je me savais différent, comme ambition, comme intérêt, comme tout. Je ne voulais surtout pas ressembler à ce que je voyais[2] », expliquera-t-il plus tard. Sa coiffure est devenue l'emblème du scandale, le symbole de son attitude dissidente, dans la petite communauté de Bad Bramstedt.

Karl sculpte sa solitude, son esprit de résistance au monde. Le tableau de sa chambre est un refuge, les livres qu'il dévore en sont un autre. La bibliothèque de son père, essentiellement consacrée à l'histoire des religions, est aus-

1. Entretien avec l'auteur.

2. *Karl Lagerfeld, un roi seul*, collection « Empreintes », réalisé par Thierry Demaizière et Alban Teurlai, produit par Éléphant et Falabracks, France 5, 3 octobre 2008.

tère ; celle de sa mère, qui aime s'enfermer pour lire les philosophes, plus mystérieuse. Theilhard de Chardin y côtoie les écrivains, notamment Romain Rolland. La lecture d'*Été brûlant,* le roman d'Eduard von Keyserling, publié au début du siècle, est une révélation. En arrière-plan, il y est question d'une comtesse, d'une femme qui vécut à la Cour, d'une grande propriété et de serviteurs. Une aristocratie décadente évolue dans une campagne baltique qui ressemble à la sienne – juste un peu plus au nord. La forêt, la pluie fine et les nuits courtes sont les mêmes qu'à Bad Bramstedt.

La douce mélancolie qui émane de ce roman peut faire écho à la sienne[1], et les personnages principaux à son histoire. Le narrateur y est un adolescent, fasciné par son père, à la fois beau, brutal et tendre, et dont il tente de comprendre le comportement énigmatique.

Les perceptions d'abord confuses, vagues, inavouables, du narrateur d'*Été brûlant* s'ordonnent le temps d'un été en un rejet violent d'une société

1. Voir notamment Bayon, « Karl Lagerfeld, entre les lignes de Keyserling », article cité.

rancie qui brime tout désir. « Tout ce qui, dans mon âme, aspirait à la vie se révoltait contre ce calme énigmatique[1] », écrit Keyserling. Le héros parviendra à comprendre « tous ces jolis secrets terribles et enivrants[2] » qui traversent ceux qui l'entourent.

Karl lit et lit encore le roman de Keyserling. Il deviendra son préféré. L'impressionnisme des situations le transporte. Il pourrait les illustrer de quelques traits.

Tandis qu'il passe du papier imprimé de ses livres aux feuilles blanches qu'il remplit de couleurs, la guerre prend fin. À treize ans, en 1947, Hans-Joachim Bronisch fréquente la même classe que Karl, toujours placé au dernier rang. L'adolescent n'a pas changé : « Il s'habillait différemment. Il portait toujours une chemise blanche et une cravate. [Il était] toujours bien coiffé. Pour nous, les garçons qui venions

1. Eduard von Keyserling, *Été brûlant*, traduit de l'allemand par Jacqueline Chambon et Peter Krauss, Actes Sud, 1986.

2. *Ibid.*

à l'école pieds nus, c'était inhabituel, bien sûr… Les camarades se moquaient toujours un peu de lui. Il n'a jamais eu de véritables amis à l'école. Il n'en cherchait pas non plus. Quand nous voulions jouer au foot, il n'en avait pas envie. C'était toujours comme ça[1]. »

Les cheveux longs de l'enfant de Bissenmoor continuent de flotter comme un symbole de rébellion contre le régime. Un exemple condamnable. Il est urgent de sévir, de les couper surtout. Les adultes se concertent. Il échoit à l'instituteur la délicate mission de rappeler Karl à l'ordre capillaire. Les enfants de son âge portent la coupe au bol, « à la casserole » en allemand – on posait un bol ou une casserole sur leur crâne avant d'éliminer tout ce qui dépassait du bord du récipient. Les réprimandes de l'instituteur de Bad Bramstedt restent sans effet.

Ronald Holst raconte que le professeur se rend alors au manoir familial et demande à voir madame Lagerfeld : « Il lui dit : "Il faut que je vous parle de votre fils. Ces cheveux longs, ça ne

1. *Un jour, un destin : Karl Lagerfeld, être et paraître*, *op. cit.*

va pas." En réponse à ça, [Elisabeth] lui a tiré la cravate de son costume, lui a jetée au visage et lui a dit : "Visiblement, vous êtes encore nazi[1] !" ».

Karl est soutenu par sa mère, qui méprise Hitler et son régime. Le petit caporal devenu Führer n'appartient pas à leur monde. Ses idéologues et ses dignitaires non plus, qui ont transformé la nation en une vaste machine à exterminer des femmes, des enfants, des vieillards, des handicapés, et tout ce que la société compte de « parasites » ou de « sous-hommes » dans le lexique du IIIe Reich.

Le nazisme est la négation absolue des valeurs inculquées à Karl et à ses sœurs. À l'exception de quelques enclaves pareilles à celle du domaine de Bissenmoor, cette vision du monde n'est pas vraiment partagée sur les rivages de la Baltique. Pour la société rurale et conservatrice du Schleswig-Holstein, la propagande nazie promet l'émancipation face aux hobereaux, dont les

1. *Un jour, un destin : Karl Lagerfeld, être et paraître*, *op. cit.*

Lagerfeld sont le symbole. Les fils de paysans de Bad Bramstedt couvrent d'un manteau de haine le dernier-né des Lagerfeld. Il n'est pas comme eux. Il lit. Il confectionne des vêtements pour ses poupées. Il dessine.

Derrière sa dureté et ses remarques ironiques, Elisabeth a compris la singularité de son fils, qui fait écho à la sienne. Tous deux, au fond, sont extrêmement sensibles, et malheureux dans ce monde en décrépitude qui tente de résister tant bien que mal à l'Apocalypse. « Ma mère s'ennuyait à mourir dans ce trou de campagne. Et moi aussi, je ne rêvais que d'une chose, me tirer au plus vite[1]. » Ses différences, elle les encourage. « Lorsque j'ai demandé à ma mère ce qu'était l'homosexualité, elle m'a répondu : "C'est comme une couleur de cheveux. Ce n'est rien, ça ne pose pas de problème." J'ai la chance d'avoir eu des parents très ouverts d'esprit[2]. »

---

1. Anne-Cécile Beaudoin et Élisabeth Lazaroo, « Karl Lagerfeld, l'étoffe d'une star », article cité.

2. *Ibid.*

Karl veut donc partir. Regagner Hambourg avec ses parents est une première étape. Comme par miracle, leur quartier n'a pas été détruit pas les bombardements.

Dior en Allemagne, un parfum de Paris

Plus tard, à 21 heures, aura lieu la grande soirée de gala. Mais, pour l'instant, les femmes de la bonne société hambourgeoise, certaines accompagnées de leur mari, dégustent un thé dans les fauteuils moelleux d'un des grands salons de l'hôtel Esplanade. En ce mois de décembre 1949, elles attendent les mannequins qui doivent présenter la collection automne-hiver de l'année suivante, dessinée par le grand couturier Christian Dior. « À l'époque, c'était un événement gigantesque. Dior, [...] c'était une étoile qui brillait au firmament de la mode, beaucoup plus que toutes les autres[1] », précise Janie Samet. À 16 heures, le défilé, organisé par le magazine féminin *Constanze*,

1. *Un jour, un destin : Karl Lagerfeld, être et paraître*, *op. cit.*

débute enfin. Tous les regards se braquent sur les toilettes luxueuses, longues jusqu'aux chevilles, blanches, puis noires. À une étole en fourrure succède un long manteau sombre. Les applaudissements accompagnent cette danse de pas étouffés par l'épaisseur des tapis sur lesquels les modèles se croisent avec élégance. Parmi les spectateurs, Karl, qui accompagne sa mère.

Les dessins de mode étudiés dans sa chambre s'animent sous ses yeux. À seize ans, découvre-t-il avec émerveillement que le beau n'est pas un privilège du passé, mais peut être un raffinement de son temps ? « Les défilés haute couture étaient très classiques, ajoute Claude Brouet, autre grande journaliste de mode, mais assez spectaculaires. Les mannequins, annoncées très sérieusement avec un numéro, défilaient avec un air un peu hautain. Les robes de grand soir étaient somptueuses, les tenues très travaillées, sophistiquées… C'était un conte de fée pour un adolescent, ça faisait rêver[1]. » Comme tous les invités, le jeune homme ne perd pas une miette du spectacle, mais lui seul est capable de tout retenir, il pourrait

1. Entretien avec l'auteur.

dessiner chacun des vêtements mentalement. « Et puis Paris reste le berceau de la mode[1] », conclut Janie Samet. Karl veut être peintre ou caricaturiste. Ce n'est pas la mode qui l'intéresse encore. Mais la Ville lumière.

Les pièces du puzzle s'assemblent peu à peu. De la guerre, il doit en avoir vu assez pour comprendre que la République de Weimar était morte et enterrée. Que l'Allemagne éclairée de Goethe et des poètes ne reviendrait pas de sitôt. Le monde de l'élégance dont il rêve depuis l'enfance existerait encore. Il lui faut donc le rejoindre au plus vite. En France.

Les choses sont simples : « J'ai dit à mes parents : "Je pars faire de la mode à Paris[2]" », raconte Karl Lagerfeld. Sa décision est prise. S'en aller avec légèreté… Dire au revoir à l'Allemagne et ne pas se retourner. Premier départ, première réinvention de lui-même. « Je ne me souviens de rien. Mon truc, c'est de brûler tout et de

1. Entretien avec l'auteur.

2. Olivia de Lamberterie, « Je sais dessiner, lire, parler, et c'est tout », article cité.

recommencer à zéro[1] », dira souvent par la suite Karl Lagerfeld. Il vient de déchirer une page. Une autre, blanche, lui fait face.

Que fuit-il exactement ? Les brimades passées de ses camarades ? Un pays qui a trahi son honneur ? Un *rosebud* secret qu'il cherchera toute sa vie à oublier ? En tout cas, du pays où il est né, il ne veut retenir que le beau, le bon. Une idée. L'ouverture et la tolérance. Dans ses bagages, il y a l'essentiel. Des livres, des feuilles, des crayons. Certainement la copie du tableau de Menzel. Et la bénédiction de ses parents. La secrétaire de son père pourra l'aider à se loger dans la capitale française, où Otto possède un bureau[2]. Quant à sa mère, elle n'aurait cessé de lui répéter que Hambourg était certes la porte du monde, mais n'était qu'une porte, que l'on peut emprunter dans les deux sens[3]. Pour elle, l'avenir de son fils s'y limiterait à enseigner le dessin. Karl s'ins-

1. Jean-Christophe Napias et Patrick Mauriès, *Le Monde selon Karl*, *op. cit.*

2. Anne-Cécile Beaudoin et Élisabeth Lazaroo, « Karl Lagerfeld, l'étoffe d'une star », article cité.

3. *Un jour, un destin : Karl Lagerfeld, être et paraître*, *op. cit.*

crirait donc complètement dans le désir de cette mère qui a compris que le destin de son fils ne pourrait s'accomplir que loin de cette Allemagne brisée. Le jeune homme sait qu'il a aussi le droit d'échouer, il ne lui en sera jamais tenu rigueur, la maison lui restera ouverte, quoi qu'il advienne.

Paris est une fête

Karl n'a pas vingt ans lorsqu'il débarque dans un Paris d'après-guerre joyeux car libéré, mais peu enclin à adopter avec ferveur un jeune Allemand. En 1952, la ville est sale. Les façades des immeubles sont grises, les trottoirs encombrés d'ordures. Il ne s'attendait certes pas à croiser les marquis à perruque et les convives spirituels du tableau de Menzel, mais l'élégance, les fastes ? La déception est de courte durée. Il faut se reprendre, pour ne pas arriver en vaincu.

Avant de gagner sa chambre d'hôtel, rue de la Sorbonne, ses pas le portent avenue Montaigne. À force d'avoir rêvé le nom des rues de la capitale, il connaît le chemin par cœur. Sur son parcours, il peut prendre le temps d'observer. Oui, ces hautes façades doivent abriter quelque cercle littéraire. Derrière ces fenêtres se cachent certainement des salons d'initiés dont il n'a pas encore la clé. Les vitrines de Dior, objet de sa quête du jour, brillent d'un éclat particulier. Elles sont comme une promesse. Elles résument à elles seules l'esprit d'une ville à conquérir. Il ne sait encore comment. Pour l'instant, il a tout le loisir de flâner. « Je passais mon temps à me promener, se souvient-il. Je pourrais être guide touristique à Paris[1] ! » Son seul viatique : une passion pour le dessin, la caricature, et cette ambition de devenir quelqu'un qui ne le quitte pas depuis l'enfance.

Au lycée Montaigne, où il poursuit ses études, les cours après l'heure du déjeuner sont d'un ennui à mourir. Il peut passer de longs après-midi au Champo, le cinéma à l'angle de la rue, en bas de son hôtel. En Allemagne, les décors du *Métropolis* de Fritz Lang l'intriguaient et il s'émerveillait du personnage de Cesare, le somnambule dirigé par le docteur Caligari dans le film de Robert Wiene. Là, dans la salle obscure, résonnent les dialogues

1. Anne-Cécile Beaudoin et Élisabeth Lazaroo, « Karl Lagerfeld, l'étoffe d'une star », article cité.

de *L'École des cocottes* et des *Enfants du paradis*[1]. À la fin de la séance, les lumières de la salle se rallument. Le film recommence. Karl reste souvent dans la salle jusque tard dans la nuit. Il mémorise des phrases, qu'il répète inlassablement pour perfectionner sa diction. Il forge son français sur un idéal de beauté, en noir et blanc.

Karl n'est pas homme à attendre que le destin s'accomplisse. Il fait partie de ceux qui le précèdent. Et il faut une tenue pour le recevoir. Chez Pierre Cardin, il s'est acheté une cravate en velours de couleur aubergine. Il l'a nouée sur une chemise blanche achetée rue de Rivoli, chez le grand chemisier londonien Hilditch and Key, où son père l'a emmené. Otto lui a également offert un costume beige à petits carreaux chez Cifonelli. Ainsi que le pardessus de cachemire bleu marine tant convoité dans la vitrine du tailleur Dorian Gray, en face de l'hôtel George-V où l'homme d'affaires est descendu. Voilà Karl fin prêt.

---

1. Serge Raffy, « Karl le téméraire », *Le Nouvel Observateur*, 1er juillet 2004.

Les enfants terribles

Tout a commencé, en 1954, par une affiche dans la rue. Un concours de mode. Le Concours de la laine. L'intitulé n'a rien de très excitant. Mais la scintillante campagne de communication des syndicats d'éleveurs de moutons d'Australie, d'Uruguay, d'Afrique du Sud et de Nouvelle-Zélande pour défendre leur noble matière contre les assauts des textiles synthétiques produit des effets inespérés. Contre la production intensive, le patient travail d'artisans expérimentés et l'assurance d'un produit que le temps n'altère pas. La bourgeoisie urbaine redécouvre les vertus ancestrales de la laine. Les répercussions de l'International Woolmark Prize dépassent largement les attentes de ses organisateurs. Pour concourir, il faut crayonner quelques modèles.

Karl décide de s'inscrire et dessine un manteau dont la couleur jaune rappelle celle de la jonquille – ou « narcisse jaune », fleur de l'attente amoureuse, autrement dit du *désir*. L'ouverture largement échancrée sur les épaules brise le classicisme très sage de la forme, droite, stricte, descendant un peu en dessous du genou. Un triangle en V dénude le dos ; partant des omoplates, il s'aventure juste avant la naissance des fesses… Un peu plus tard, un télégramme lui rappellera qu'il a tenté le concours. Et qu'il a gagné, dans la catégorie « manteaux ». Il lui faut simplement se présenter devant les bureaux du Syndicat national de la laine pour prouver qu'il est bien l'auteur des croquis.

Le soir de la remise des prix, le 25 novembre, au théâtre des Ambassadeurs, en face du palais de l'Élysée, il rencontre sur la scène le lauréat de la catégorie « robe du soir ». Un certain Yves Mathieu-Saint-Laurent. Ils sont vêtus à peu près à l'identique : cravate noire, chemise blanche, costume sombre. Tous deux réajustent leurs créations réalisées par des maisons prestigieuses. C'est la première fois que Karl touche un vêtement conçu à partir d'un de ses dessins. Les deux vainqueurs sont un peu gauches, les photographes immortalisent leurs sourires gênés. Les gagnants sont à peine sortis de l'adolescence – Yves a dix-huit ans, Karl en a vingt et un. Ils sont jeunes, ils sont bien élevés, ils sont intelligents, mais restent en retrait devant les cinq ou six grands prêtres de la mode planétaire qui les ont distingués. Dans le jury siègent Pierre Balmain et Hubert de Givenchy. Potentiellement, ce sont pour eux de futurs employeurs.

D'ailleurs, Karl finit quelque temps plus tard par accepter la proposition de Pierre Balmain de travailler à ses côtés. Flatté, mais réticent : le créateur n'est pas d'une modernité folle. Comme le souligne Claude Brouet, journaliste mode pour *Elle*, « ce n'était pas vieillot, mais disons que ça manquait un peu d'audace, d'un peu de peps… d'un peu d'esprit[1] ». Avant de conclure : « Pierre Balmain lui-même appelait ça "jolie madame"[2]. » Le jeune homme doit rêver de vêtements plus osés, plus mouvants, mais ne peut pas ignorer

---

1. *Un jour, un destin : Karl Lagerfeld, être et paraître*, *op. cit*.

2. Entretien avec l'auteur.

qu'il doit prendre son mal en patience, démarrer au bas de l'échelle. Quant à Yves, après avoir refusé la proposition d'Hubert de Givenchy, il obtient en 1955 une place chez Dior, la maison qui faisait déjà rêver Karl, à Hambourg.

Cette remise de prix a scellé une amitié entre les deux jeunes gens. Leur rencontre a dissous une solitude qui devenait pesante pour chacun d'eux : Karl fait visiter Paris à Yves, qui arrive d'Algérie.

Le siège de Balmain est situé non loin de celui de Dior, dans ce triangle d'or où toutes les maisons de couture se frôlent, un écrin urbain unique au monde. Certains soirs, un des jeunes apprentis de la maison de couture, Tan Giudicelli, aperçoit, tout au fond de l'avenue Montaigne, la luxueuse décapotable de Karl, que son père lui a offerte pour fêter ses premiers succès. Ce qu'il ne peut en revanche distinguer, c'est que Karl n'est pas forcément très adroit au volant. « Je n'ai pas conduit depuis mes dix-huit ans, confiera-t-il plus tard, et c'est un bienfait pour la société, car j'avais fini dans un ravin, sans même savoir pourquoi[1] ! » Il faut dire qu'à l'époque, à Paris, on peut rouler vite. On n'a pas besoin de ceinture de sécurité, la circulation est fluide, les feux rouges, rares.

Quand la superbe voiture s'arrête enfin en face du numéro 30, l'arrivée est remarquée, ainsi que l'allure du conducteur. « Ce n'était pas le talent de Karl qui était fascinant au départ, mais sa personnalité, se souvient Tan Giudicelli. Il y avait quelque chose de friqué et en même temps de dandy, il était beaucoup plus snob que Saint Laurent. C'était un garçon qui se construisait à chaque moment et ça se sentait. Il se construisait, il rectifiait le personnage[2]. » « Il voulait qu'on soit fasciné par lui. Il y avait déjà cette légende d'enfant gâté, de snob[3]. » Le jeune assistant attend celui à qui la presse ouvre ses pages et que tout le monde surnomme « le petit prince ».

Les vitrines gris et blanc de la célèbre maison forment comme un écran. Karl pourrait entrer,

1. Sylvia Jorif, « Vis ma vie de Karl Lagerfeld », *Elle*, 16 mars 2012.

2. Entretien avec l'auteur.

3. *Un jour, un destin : Karl Lagerfeld, être et paraître*, *op. cit.*

acheter une robe pour sa mère en souvenir du défilé où il l'a accompagnée, adolescent. Il pourrait aussi bien dessiner l'un des modèles portés par les mannequins en plastique, retrouver le mouvement des lignes qu'il connaît par cœur, les rendre plus modernes. Et, pourquoi pas, devenir un jour Christian Dior ?

Ce destin-là n'est pas le sien, mais celui de Saint Laurent, et il ne l'envie pas. Ils ne jouent pas dans la même catégorie. Après Balmain, Karl travaillera certainement pour d'autres maisons. Mais il ne veut pas suivre un chemin tout tracé : prendre un jour la tête de l'une d'entre elles, devenir son propre patron. Il aspire à autre chose qu'à cette image du créateur noyé au milieu des tissus et des épingles, du matin au soir. Il est avant tout un intellectuel inspiré, un esprit cultivé doté de plusieurs cerveaux. Ce sont les idées qui l'agitent, les concepts, et l'irrépressible envie de leur donner vie. Pas une nécessité impérieuse d'habiller les corps.

Il a emménagé au 31 rue de Tournon, face au jardin du Luxembourg et à deux rues de l'Odéon. Il ne s'est pas installé là par hasard. Il affectionne les lieux hantés. Ici, en 1912, a vécu Katherine

Mansfield, l'écrivain britannique brossé par D. H. Lawrence sous les traits de Gudrun dans *Femmes amoureuses*. Et il a à peu près tout lu d'elle. Cinq ans qu'il s'est « tiré », comme il dit. De même que Katherine Mansfield a fui la société étriquée de son île du Pacifique, lui a quitté un environnement hostile. Pour respirer enfin.

Il aurait pu se consacrer à cet amour des livres et des mots qu'il porte depuis l'enfance. Pourquoi ne pas avoir exploité cette passion ? « J'aurais peut-être dû faire des études de langue au lieu de faire de la mode, mais c'était moins agréable, peut-être. Et j'ai toujours eu une fâcheuse tendance à aimer la vie agréable[1]. » Quitte à attendre longtemps pour la consécration, la mode reste le terrain sur lequel il veut jouer pour devenir quelqu'un. Pour briller. Mais à sa manière.

Dans ce cadre-là, la rivalité potentielle avec Yves, la comparaison tentante entre les deux hommes apparus au même instant sur la scène de la mode, n'est même plus un sujet.

---

1. *Double je*, produit et présenté par Bernard Pivot, réalisé par Bérangère Casanova, *op. cit.*

Ces soirs où flotte dans l'air un parfum de fête, dans la voiture de Karl, aux côtés d'Yves, monte souvent une jeune femme brune, élancée, ténébreuse. Victoire Doutreleau : le mannequin préféré de Saint Laurent, la muse de Christian Dior. Karl l'a rencontrée juste à côté, au bar des Théâtres. Avec son grand sourire, sa veste de lainage, son pantalon, très sport, assez peu conventionnel, il avait étonné la jeune fille par sa politesse. Quand Yves l'avait présentée, « Karl avait répondu : "Ah, mais Victoire, bien sûr..., se souvient-elle. Tout le monde la connaît[1] !" ». La soirée s'était poursuivie autour d'un dîner qui scellerait une nouvelle amitié.

« Karl a eu plusieurs voitures, raconte-t-elle. Il y a d'abord eu la Volkswagen que j'adorais. Elle était décapotable, c'était divin. Moi, j'avais une Dauphine, c'était beaucoup moins bien. Souvent il y avait aussi avec nous Anne-Marie Poupard, qui travaillait avec les stylistes pour la boutique Dior[2]. » « On tournait partout, on faisait des tours place de la Concorde, de l'Étoile,

1. Entretien avec l'auteur.

2. Entretien avec l'auteur.

on roulait pour le plaisir de rouler, mais on avait vingt ans[1] ! »

Victoire est habituellement libre toute la nuit. C'est souvent Yves qui choisit la destination. À Saint-Germain-des-Prés, Le Fiacre réunit le Tout-Paris autour des homosexuels et travestis de la capitale. Quand il leur arrive d'y croiser monsieur Dior, Saint Laurent s'empourpre face à son patron.

Au bar, le jeune homme timide s'entoure de garçons ; il est possible qu'une rencontre se prolonge ailleurs ; il consommera plus loin. Le lieu ne s'accorde pas totalement avec la personnalité de Karl, enclin à plus de raffinement. Victoire garde encore en tête aujourd'hui le refrain qui lui permet alors d'éloigner les fâcheux – et qui l'amuse tant : « Non merci, j'ai ce qu'il faut chez moi, et je ne m'en sers pas[2]. » A-t-il quelqu'un dans son cœur ? Qui partage ses nuits, ses rêves, ses doutes ? Personne ne connaît la vie privée de Karl. Et nul n'oserait s'aventurer à lui

1. *Un jour, un destin : Karl Lagerfeld, être et paraître*, *op. cit.*
2. *Ibid.*

poser la moindre question à ce sujet. Il cultive un mystère opaque sur ses fréquentations. Le sourire de Victoire trahit une complexité intrigante : « Les rapports d'Yves Saint Laurent aux garçons étaient des rapports sexuels, profondément sexuels[1]. » Elle poursuit : « Karl aimait la beauté. Je crois qu'il était aussi à la recherche de son double[2]. » Ce double, il ne l'a pas encore trouvé.

La soirée se poursuivra ailleurs. Les trois jeunes gens pourront danser dans l'innocence de leur jeunesse, enchaînant les boîtes et les bars jusque tard dans la nuit.

Quand, au petit matin, il est encore trop tôt pour se séparer, le trio prend la direction de l'appartement de Karl, rue de Tournon. Les bougies placées sur la cheminée scintillent. Elles éclairent un dessin d'Yves, placé à côté d'un grand miroir. Victoire aime s'asseoir par terre avec celui qu'elle inspire : « Moi je fumais, Yves ne fumait pas, Karl non plus. Je buvais du whisky, Yves le supportait,

---

1. *Ibid.*
2. *Ibid.*

mais devenait vite ivre. Karl ne buvait que du Coca-Cola[1]. »

Parfois, ils s'étendent sur le grand tapis où sont disposés des coussins. Ils continuent de parler. Non de l'avenir, cette chimère, mais de l'instant. Les ragots, les histoires, les aventures des uns et des autres. Mais aussi de Louis II de Bavière, le roi fou qui les passionne. Ils finissent par s'endormir, en toute innocence. « On ne faisait rien, juré, promis[2] ! » s'amuse Victoire.

Deux artistes et une muse. Un tableau.

Le cycle des nuits et des jours se répète. Karl dessine, puis va chercher Yves et Victoire en voiture. Ils dansent, parlent, dorment, se réveillent, travaillent, et bientôt sonne encore le carillon des bacchanales nocturnes. Ils n'arrêtent jamais de rêver.

Souvent, les week-ends, sur un coup de tête, ils filent à Trouville. Avec ce qu'ils gagnent et les subsides envoyés par leurs familles, ils peuvent se le permettre. Ils portent des mules, des pan-

---

1. *Ibid.*
2. *Ibid.*

talons beiges et des chemises blanches. Comme toujours, c'est Karl qui conduit. C'est lui cette fois qui choisit l'hôtel. Les couloirs des Roches Noires, cet ancien palace construit face à la mer, sont délabrés. Mais les pas vaporeux de Marcel Proust, qui le fréquenta avec sa mère, résonnent dans leurs têtes et se mêlent au bruit des vagues. Les deux garçons pourraient être des personnages d'*À la Recherche du temps perdu*. Mais, sur ce point, leurs visions s'affrontent. Yves se complaît dans l'image de l'artiste romantique, du « nerveux » qui a besoin du spleen et de la souffrance physique pour créer. Chez Proust, Karl ne retient ni la nostalgie ni les crises d'asthme du narrateur, mais son importance formelle, stylistique, dans l'histoire littéraire. Victoire, quant à elle, est vite fatiguée de ces discussions. Elle ne cherche pas à les départager. Elle a simplement perçu l'immense culture de Karl, plus sûr dans ses jugements. Elle trouve que leur trio ressemble davantage aux *Enfants terribles* de Jean Cocteau. Comme eux, ils sont capricieux.

Yves ayant peur de dormir seul, ils n'occupent qu'une chambre à l'hôtel, où, comme à Paris, ils finissent par s'endormir tels des frères et sœur.

Après s'être promenés sur la plage en maillot de bain, les deux stylistes ont dessiné tout l'après-midi. La vie pourrait continuer ainsi longtemps, mais le destin va happer dans ses filets l'un des trois camarades.

Petits déjeuners au Ritz

En 1957, la mort inattendue de Christian Dior d'une crise cardiaque déboussole la maison de mode. Il faut lui trouver un successeur. On pense immédiatement à son jeune assistant, Yves. « Il était l'élève du grand maître et le grand maître meurt. Et l'élève prend sa succession[1]. » « Le petit prince devient le roi[2] », résume Janie Samet. Porté en triomphe du jour au lendemain, le jeune homme sensible est dévoré d'angoisse et de panique, persuadé qu'il ne pourra se hisser à la hauteur de son devancier et de son héritage. Seule sa mère réussit à le rassurer. Et Victoire, qui

1. Entretien avec l'auteur.

2. *Un jour, un destin : Karl Lagerfeld, être et paraître*, *op. cit.*

passe le voir chez lui tous les soirs : Yves trouvait « terrible ce qui lui arrivait, [...] il était tremblant de peur, il fallait lui remonter le moral... alors que tout allait bien[1]. » Mais, à travers cette dépression, Yves Saint Laurent joue aussi tout autre chose, se mesure d'une certaine façon avec son ami Lagerfeld. « Yves aimait bien le mannequin que j'étais[2] », se souvient Victoire. Et malin comme il était, il tentait de s'en approcher, de s'en emparer. Karl est exclu de cette nouvelle connivence. Les nuits partagées prennent fin. Le soir, il se retrouve seul. Mais il va réagir.

Victoire se souvient de cet appel. Au téléphone, Karl l'appelle affectueusement Vichnou, puis lui propose un petit déjeuner au Ritz sur-le-champ.

Le mannequin d'Yves ne peut réprimer un sourire : voilà des jours que Lagerfeld la boude, mais là... Elle raccroche, excitée : à la veille des années 1960, le Ritz est déjà l'un des endroits les plus magiques de la capitale et il n'est pas si

1. *Ibid.*
2. Entretien avec l'auteur.

commun de s'y retrouver pour partager le premier repas de la journée.

La table est fleurie, les verres scintillent. Karl arbore une chemise blanche, une petite cravate noire à pois blancs et un pantalon à pinces. « "J'adore prendre mon petit déjeuner au Ritz !" me dit-il, l'air satisfait d'un chat qui, enfin, a trouvé sa place au soleil[1] », se remémore Victoire. Ici, dans ce palace où Coco Chanel passera ses derniers jours, il se sent comme chez lui. Sur le ton de la confidence, il raconte à Victoire ses débuts chez Patou, la maison de haute couture qu'il vient d'intégrer. « Patou a été une très grande maison dans les années vingt et trente, explique Claude Brouet. Après Balmain, Karl a continué d'y apprendre les bases du métier, les techniques de la couture qui sont très précises. Couper un vêtement, l'assembler... Une collection ne se limite pas à des dessins[2]. » Le 3 septembre 1960, il apparaît en photo dans un reportage de *Paris Match* sur « La mode nouvelle

1. Victoire Doutreleau, *Et Dior créa Victoire*, Le Cherche Midi, 2014.

2. Entretien avec l'auteur.

dans l'intimité de ceux qui la font ». Chez lui, agenouillé au pied d'un canapé, il pose en pull noir, tête haute et large sourire, entre Brigitte, qui porte une robe de satin bordée de vison, et Michèle, autre mannequin, dans un fourreau de velours. Son nom apparaît au côté de ceux de Guy Laroche, Mademoiselle Chanel, Pierre Balmain et Yves Saint Laurent. À l'époque, le « modéliste de la maison Patou », qui se fait appeler Roland Karl, n'a pas encore imposé son patronyme, que le journal écrit « Largenfelt ».

Sous les ors du Ritz, Victoire fixe les yeux de cet homme dont elle apprécie la sensibilité et la droiture. Elle connaît bien les voiles et les plis de ce regard. Elle en perçoit la tristesse qui s'en dégage parfois. Il lui a confié combien il aurait aimé avoir un père moins âgé, recevoir une éducation moins stricte, vivre une enfance plus douce. Elle l'aime aussi pour sa discrétion, pour son humilité. Elle a compris de lui beaucoup de choses. Elle sait qu'il n'envie pas le succès de Saint Laurent : « Quand Yves est devenu le petit roi du jour au lendemain, Karl l'a admis, n'a jamais invoqué le hasard ou la chance. Il n'est pas quelqu'un de commun. Au fond de lui, il savait qu'on ne peut s'opposer au destin. Karl n'était pas vaniteux. La jalousie est difficile à éviter, mais il a dû l'écarter et regarder ailleurs. C'était déjà sa force. Très jeune, Yves Saint Laurent imaginait son nom en lettres de feu, se voyait en grand couturier. Karl, pas du tout. Il ne savait même pas vraiment quelle allait être sa direction[1]. »

Victoire sait aussi confusément qu'il est en train d'édifier sa légende. Et qu'il va patienter en attendant ses heures de gloire. Elle ne le quitte pas des yeux. Elle apprécie ces moments qui n'appartiennent qu'à eux : « Karl adorait les secrets. Ces moments de Karl et moi, Yves n'en a pas fait partie du tout. Absolument pas. Yves ne l'a jamais su[2]. »

Quand Karl consultera avec Yves une voyante aux yeux turquoise, rue de Maubeuge, elle prédira à son ami un succès fulgurant[3]. Et aussi que « tout commencerait pour [Lagerfeld] quand tout

---

1. Entretien avec l'auteur.

2. *Un jour, un destin : Karl Lagerfeld, être et paraître*, *op. cit.*

3. *Le Divan*, Marc-Olivier Fogiel, France 3, 24 février 2015.

s'arrêterait pour les autres[1] ». Elle parlera de milliers d'« exemplaires ». Karl se demandera ce que cela peut signifier, en comprenant que le temps sera son meilleur allié.

1. Richard Gianorio, « Karl Lagerfeld : "Je suis au-delà de la tentation" », *Madame Figaro*, Lefigaro.fr, 28 juin 2015.

Dans la découpe des fantômes

En ce début des années soixante, Karl Lagerfeld réside toujours sur la rive gauche, mais s'est rapproché de la Seine, et symboliquement, du philosophe français invité à la table du monarque allemand dans le tableau de Menzel : il vit quai Voltaire. D'autres personnages hantent son immeuble. « À gauche, raconte-t-il, il y avait l'appartement où Chanel avait connu Misia Sert[1]. C'était habité à l'époque par le marquis de Cuevas et tous les gens des ballets traînaient là[2]. » Leurs noms sont comme des fantômes.

---

1. Pianiste mondaine considérée comme la « reine de Paris » et muse de nombreux artistes célèbres.

2. Loïc Prigent, « Partir avec Karl Lagerfeld à Paris », *Air France magazine*, décembre 2007.

Être ou paraître ? Telle est la question. À Paris, sur le chemin de la réussite, celle-ci se pose avec plus d'acuité qu'en Allemagne, mais le jeune homme connaît la réponse depuis toujours. Il était déjà un petit personnage dans le manoir de ses parents. Être et paraître ne sont en réalité que les deux faces d'une même médaille. Il faut un masque derrière lequel se dissimuler. Un artifice pour observer ceux qui l'observent. Son regard, il le cache derrière un accessoire qu'il porte de plus en plus souvent. « Parfois on le voyait sans lunettes. Et on découvrait un très beau regard, un regard du sud, oriental, avec de longs cils, très doux. Je me demandais s'il ne cachait pas ses yeux à cause de ça, parce qu'il s'est toujours un peu pris pour un Viking, un Prussien, alors qu'il en était assez éloigné physiquement[1] », se souvient Tan Giudicelli. À l'époque, personne ne porte de lunettes noires en plein jour.

Karl s'installe souvent sur la banquette rouge du café de Flore. Il aime ce lieu imprégné des grands esprits qui le fréquentent depuis

1. Entretien avec l'auteur.

son ouverture. Une antichambre du palais de Sans-Souci de Frédéric II, en quelque sorte. Il achète régulièrement une brassée de journaux et quelques livres, en plusieurs exemplaires. Parce qu'il en offre et parce qu'il les découpe. Il veut tout sentir, tout savoir, tout prévoir. Capter l'air du temps et l'allure des passants. Comprendre l'alphabet de la rue, les lignes qui l'animent. Ses lunettes noires lui permettent d'observer les allées et venues en toute discrétion. Il les remonte sur son front pour lire la presse. Ses cheveux noirs ondulés et la moue de ses lèvres aiguisent son charme intrigant.

Le rendez-vous matinal devient un rituel. Son personnage singulier, à la mise impeccable, s'inscrit peu à peu dans les murs du salon germanopratin. Karl commence à entendre la ville bruire de rumeurs sur son compte. Qui est ce jeune Allemand qui semble échappé d'une gravure de mode ? D'où vient-il exactement ? Que fait-il à Paris ? Qu'ambitionne-t-il ? D'autant qu'il mène grand train. « Il voulait vivre Paris comme il l'avait vu dans les films. Un Paris de Rolls-Royce blanches, de champagne, de déjeuners chez Maxim's… Il voulait jouer ce rôle-là, être le roi[1] », explique l'un de ses futurs bras droit, Vincent Darré. Ce roi magnifique à la Gatsby, le héros de Francis Scott Fitzgerald, qui avançait ainsi qu'une « barque luttant contre un courant qui nous rejette sans cesse vers le passé[2] ». Un passé volontairement maintenu sous silence, qui laisse libre cours aux plus folles histoires. Il serait le fils d'une actrice allemande de l'âge d'or du muet… Il aurait été adopté… Son père lui aurait légué une fortune considérable… On l'aurait vu faire de la musculation avec des gigolos… Karl laisse dire. La brume épaisse qui baignait la campagne de sa jeunesse ne l'a pas quitté. Elle est son meilleur allié. Il cultive le flou artistique autour de sa personne. Derrière la façade rigide, il peut cacher des histoires, des sentiments, des secrets. Sa vérité est inaccessible, dissimulée par des paravents amovibles au gré de sa volonté, des masques éphémères. Là résident son charme et sa force d'attraction.

1. Entretien avec l'auteur.

2. Francis Scott Fitzgerald, *Gatsby le Magnifique*, LGF, 1976.

L'après-midi, après avoir déjeuné à la brasserie Lipp en face du Flore, il se rend parfois à la piscine Deligny, sur les bords de Seine. Accompagné de quelques-uns de ses mannequins, il prend le soleil, se baigne, bronze dans un maillot de bain bouffant. Et ne déteste pas se faire remarquer. C'est par hasard qu'un jeune homme lui tombe dessus, littéralement. Il s'appelle Francis Veber, il effectue son service militaire, il veut faire du cinéma. Il a repéré les jeunes filles de chez Patou qui accompagnent le styliste : « Je rampais sournoisement derrière le harem qui l'entourait. À un moment, j'ai buté contre lui. Je lui ai dit : "Excusez-moi, j'essayais d'approcher vos mannequins." Il a ri, on a commencé à bavarder. J'ai découvert un homme très sympathique[1]. » Karl l'impressionne par son immense culture et sa saga familiale. Celle d'un enfant né au nord de l'Allemagne dans une famille très riche. La légende Lagerfeld est en marche. Des livres, de l'argent, une attitude, un mystère. Reste à impressionner et à développer le tout, à grande échelle.

---

1. Entretien avec l'auteur.

Un garçon très discret

Chez Jean Patou, Karl Largerfeld est devenu directeur artistique, mais ne vit pas encore à hauteur de ses ambitions. Surtout, il s'ennuie à mourir. Alors il profite du temps perdu entre les deux collections annuelles pour faire la fête, danser et entretenir son corps. Avant l'ère du *bodybuilding*, et surtout avant tout le monde, il le muscle.

En 1962, Yves Saint Laurent a présenté la première collection de sa propre maison de couture, fondée avec l'aide de celui qui allait devenir son plus fidèle soutien en coulisses, son compagnon, Pierre Bergé. La poursuite de l'ascension d'Yves dans l'histoire de la couture française ne semble toujours pas perturber son ami. Karl rêve vraisemblablement d'autre chose.

Prendre le virage qui s'amorce pour l'industrie de la mode sera peut-être le moyen de construire sa singularité. La haute couture perd du terrain. « Le prêt-à-porter, qu'on appelait autrefois confection, a commencé dans les années cinquante. Au début, ce n'était, six mois après, qu'un reflet des collections de haute couture. Progressivement, les maisons de prêt-à-porter se sont rendu compte qu'elles devaient évoluer et ont fait appel à des stylistes pour faire autre chose[1] », explique Claude Brouet. Karl saisit l'enjeu économique du prêt-à-porter, qui gagne en autonomie, et l'occasion d'obliquer l'histoire de la couture, avec une idée en tête : Karl voulait absolument travailler chez Chloé parce qu'« il savait que c'était la maison phare du prêt-à-porter de luxe[2] », ajoute-t-elle.

Les deux associés qui dirigent Chloé, Gaby Aghion et Claude Lenoir, reçoivent Lagerfeld. Ils n'apprécient pas que les stylistes de l'équipe, formée après le départ de Gérard Pipart pour Nina Ricci, œuvrent pour d'autres marques. « Je tra-

1. Entretien avec l'auteur.
2. Entretien avec l'auteur.

vaillais avec Chloé, mais aussi beaucoup à côté, ce qui agaçait énormément Lenoir, il ne voulait pas me garder, raconte Tan Giudicelli. Il voulait des collaborateurs exclusifs[1]. » Karl persuade les deux associés de Chloé qu'il est l'homme idéal pour la maison. L'affaire est conclue en 1964. La couturière Anita Briey se souvient de sa première rencontre avec le jeune trentenaire : « Il était très beau, c'était un bel homme... Et puis surtout, Karl, d'une gentillesse incroyable, d'une simplicité, aimable avec tout le monde. Karl sait mettre les gens à l'aise[2]. »

Le jeune homme fourmille d'idées, qu'il met au point chez lui avant de présenter des centaines de croquis à une directrice conquise. Un dialogue artistique fécond s'engage entre eux. Karl est méticuleux, passionné. Il travaille sans relâche, plus que les autres. Ses multiples dessins, qu'il étale sur la table du studio, ravissent également l'atelier. Quand il explique ses créations, il est nécessaire d'être bien concentré. Anita Briey se souvient : « Fallait s'y adapter. Il m'est arrivé parfois de retourner à

1. Entretien avec l'auteur.
2. *Un jour, un destin : Karl Lagerfeld, être et paraître*, *op. cit.*

l'atelier et de dire : "Zut, j'ai pas bien compris ce qu'il a dit, tant il parlait vite." Mais en regardant ses croquis, automatiquement on comprenait. C'est le roi du détail. C'est pas deux coups de crayon, tout basique, les épaules et puis la manche. Lui, il va nous mettre la découpe de poitrine, les pinces de poitrine, si nécessaire, enfin tout est expliqué, mais c'est vraiment étonnant[1]. » Parfois le moulage réalisé sur le mannequin en bois par les petites mains ne correspond pas au dessin… Attentif, Karl trouve alors la solution en quelques secondes.

Un après-midi de 1965, Victoire Doutreleau, qui crée maintenant elle aussi des vêtements, demande à Karl de venir chez elle, avenue Foch, l'aider à terminer sa première collection. Les deux complices retrouvent le plaisir de discuter, de leur carrière cette fois. Karl est styliste chez Chloé, mais on ne voit son nom nulle part, en tout cas pas sur les vêtements. Victoire s'étonne de cette discrétion. Elle encourage son ami : « Inscris "Karl pour Chloé"[2] ! » Lagerfeld, comme les autres, n'a jamais

1. *Un jour, un destin : Karl Lagerfeld, être et paraître*, *op. cit.*
2. Entretien avec l'auteur.

signé ses collections ; non par manque d'ambition, mais parce que c'est ainsi. « Les collections Chloé, après le départ de Gérard Pipart, étaient dessinées par quatre ou cinq personnes. On ne nous disait jamais qui avait réalisé chaque modèle[1] », précise Claude Brouet. Karl ne déteste pas cet anonymat qui le protège dans l'ombre de la marque et ne le réduit pas à un seul style. N'appartenir à personne. Être là et ailleurs, dans la liberté de l'ubiquité. Avancer masqué, encore un peu.

1. Entretien avec l'auteur.

Une nouvelle sans importance

Les parents de Karl sont-ils fiers de la réussite de leur fils ? La générosité financière d'Otto n'a jamais fait défaut. Mais que pense-t-il réellement de ce qu'est devenu le petit garçon qui feuilletait en silence les caricatures de *Simplicissimus* ? Elisabeth, quant à elle, l'avait encouragé à quitter le nid familial pour tenter sa chance en France. Est-elle à présent heureuse pour son fils, qui multiplie les contrats ? Si l'on écoute le principal intéressé, ces bons sentiments familiaux seraient en réalité plus complexes.

Bien sûr, les piques de sa mère n'ont pas cessé, malgré la distance. « Je me souviens qu'[elle] m'a téléphoné pour mon anniversaire, le jour de mes vingt-quatre ans, et elle m'a dit : “Oh ! à propos : à partir de vingt-quatre ans, c'est la pente descendante. Alors, tu ferais mieux de faire attention dès maintenant. Tu peux faire une croix sur ta jeunesse[1]." » Il faut croire que l'idée d'avoir un fils couturier ne l'enchante guère puisque, d'après Karl, elle, la férue de mode, n'aurait assisté à aucun de ses défilés. Otto a-t-il même saisi la nature exacte de l'activité du petit dernier ? « Il était tellement persuadé d'être unique et génial que le reste ne l'intéressait pas[2] », avouera Karl plus tard. Une certaine amertume se dégage de ces déclarations. On y décèle également l'une des raisons pour lesquelles Karl a souhaité emprunter un chemin différent, dans le monde de la mode, que la voie consacrée. « L'idée d'une maison portant leur nom ne les aurait sans doute pas emballés. Je me souviens encore de leurs sarcasmes à propos des commerçants de Hambourg qui avaient pignon sur rue[3]. » Autrement dit, posséder une mai-

---

1. Jean-Christophe Napias et Patrick Mauriès, *Le Monde selon Karl*, *op. cit.*

2. Guillemette de Sairigné, « Style : le prince Karl », *Le Point*, 12 janvier 1987.

3. *Ibid.*

son de couture est en fin de compte assez vulgaire. N'est-ce pas là aussi une manière de faire comprendre avec délicatesse qu'il vaut davantage que le milieu dans lequel il gravite désormais ? Quoi qu'il en soit, le père de Karl ne connaîtra pas l'issue du destin de son fils.

Durant la dernière nuit d'*Été brûlant*, le narrateur est brusquement arraché au monde de l'innocence. Dans le bois du château, il découvre son père mort à ses pieds et comprend que, toxicomane, il a été emporté par une surdose de morphine. Son corps reposera dans l'une des salles du vaste domaine. « En entrant dans la pièce où il avait été mis en bière, ma première impression fut : "Après tout, ce n'est pas si terrible[1]" », écrit Keyserling. À la différence du jeune comte, Karl ne verra pas son père mort. Il ne pourra pas le contempler longuement, avant de se retourner finalement, des larmes aux yeux, vers la vie. « Ma mère m'a prévenu trois semaines après. Je n'assiste jamais aux enterre-

1. Eduard von Keyserling, *Été brûlant*, in *Œuvres choisies-Histoires de château*, Thesaurus/Actes Sud, 1986.

ments, sinon, dans les grandes pompes, j'adore le protocole[1]. »

C'est au hasard d'un appel téléphonique à ses parents qu'il apprend la disparition du baron Otto Christian Ludwig Lagerfeld, qui s'est éteint en Allemagne en plein été, le 4 juillet 1967, à l'âge de quatre-vingt-cinq ans. En lisant son journal. L'attitude d'Elisabeth Lagerfeld en la circonstance est surprenante, mais elle exprime une morale : il faut avancer, pleurer sur le passé ne sert à rien. Comme dans son enfance, Karl n'objecte rien à l'attitude de sa mère. Il l'adopte avec flegme.

L'histoire de leurs rapports ressemble à une lutte incessante entre raison et sentiments. Les derniers étant éliminés dans la mesure du possible. Quelque temps après cette disparition, Elisabeth vend la maison familiale et envoie les meubles de la chambre d'enfant de Karl à Paris. Celui-ci racontera sa stupeur en découvrant l'absence de son journal intime, rédigé lors de ses premières années parisiennes : « Je lui ai dit : Mais il y avait mon journal dans le secrétaire ?, et elle a

1. Marie-Claire Pauwels, « Karl le magnifique », article cité.

répondu : Est-ce vraiment indispensable que tout le monde sache que tu étais un idiot ? Elle avait bien sûr tout lu, tout fait disparaître[1]. » Pourquoi même s'en étonner ? Elisabeth ne déroge pas à ses propres règles. Keyserling, l'auteur préféré de son fils, aurait lui-même tout brûlé avant de mourir.

En guise de réponse, Lagerfeld accueille sa mère, désormais veuve, chez lui, à Paris. Elle vit à demeure, dans son nouvel appartement du 35, rue de l'Université. Quelque part, le petit lit, les bergères et le secrétaire reconstituent la chambre de Karl en Allemagne. Ces meubles à nouveau réunis tissent un lien invisible avec le paradis perdu de l'enfance.

---

1. Françoise-Marie Santucci et Olivier Wicker, « Lire, la chose la plus luxueuse de ma vie », *Libération*, 22 juin 2010.

Le sens de l'époque

Chez Chloé, collection après collection, Karl Lagerfeld rafraîchit l'image de la maison, lui insuffle l'exigence de la haute couture. Selon Claude Brouet, « il n'a pas révolutionné la ligne des vêtements, mais il les a allégés considérablement. Tout cet attirail d'entoilage, cette façon de faire qui venait de la couture, il l'a supprimé. Il terminait les vêtements par une coupe très sèche et un petit picot au bord, aussi bien pour des flanelles, des cachemires, que pour des manteaux, des vestes, des crêpes de Chine et des robes du soir. C'était un plus grand confort pour les femmes[1]. »

Les ventes de Chloé décollent. « Gaby Aghion a eu une chance folle de rencontrer Karl Lagerfeld.

1. Entretien avec l'auteur.

Il a réveillé cette maison. Il lui a apporté une touche d'originalité, de féminité, de charme, qu'elle n'avait pas. Il a été son bienfaiteur, son bon génie[1] », assure Janie Samet. Hervé Léger[2], l'un de ses futurs assistants, raconte qu'il travaillait du matin au soir : il était le dernier à partir, le premier à arriver. Il observait aussi les autres stylistes, s'appropriait complètement leur style. Rapidement, « Gaby Aghion se rend compte que Karl est unique et que les autres n'ont plus aucune raison d'être là[3] », conclut Hervé Léger. Ils s'en iront les uns après les autres.

Est-ce l'influence de Victoire ? Désormais, à l'époque où de jeunes créateurs comme Sonia Rykiel, Emmanuelle Khanh ou Dorothée Bis, montent leurs propres maisons de prêt-à-porter sur leur nom, Lagerfeld signe maintenant ses créations pour la maison de Gaby Aghion. « Le désir de Karl était de rester seul chez Chloé. Et

1. Entretien avec l'auteur.

2. Suite au rachat de sa marque, le créateur Hervé Léger prend le patronyme d'Hervé L. Leroux en 2000, sur les conseils de Karl Lagerfeld.

3. Entretien avec l'auteur.

c'est ce qu'il est arrivé à faire ! Grâce à son talent et son intelligence, il a dominé les autres stylistes et il est resté seul en piste[1] », explique Claude Brouet.

Au fil des collections qui rythmeront les saisons de la mode en cette fin des années soixante et ce début des années soixante-dix, la maison gagne en légèreté sous la main de Lagerfeld. « Les petites vestes étriquées et les chemises à fleurs, c'était tout un style rétro, mais un rétro de cinéma : le cinéma était très important à cette époque, et il avait énormément de références de ce côté-là. Il dessinait une femme libre, romantique et en même temps *déglingue*[2] », résume Vincent Darré.

Karl se rend souvent à la Cinémathèque française, qui programme les films de l'âge d'or du muet. Il se nourrit d'images. Il travaille les matières et les couleurs, avec des asymétries de tons peints sur soie. « Karl exploitait le graphisme d'une façon très fantaisiste et originale, analyse Patrick Hourcade. Ses sources d'inspiration étaient très variées, du livre au magazine, en passant par les

1. Entretien avec l'auteur.
2. Entretien avec l'auteur.

objets eux-mêmes, un vase, un bijou. Il ne cessait de découper, redessiner, recolorer… C'est ainsi qu'il créa ses fameux imprimés qui resteront très célèbres. Chemises, over-chemises, foulards, robes, manteaux, vestes, pantalons [...]. La culture avait toujours raison[1]. »

Les défilés Chloé sont foisonnants de couleurs et de mouvements. Les Rolls-Royce blanches, le champagne et les déjeuners chez Maxim's ne sont pas loin. La vision de l'artiste prend forme.

Engagé pour rester fidèle à la maison Chloé, Karl Lagerfeld a désormais une place visible et commentée. Son nouveau statut, son talent et sa rapidité lui ont permis de négocier sa liberté. En parallèle, il est devenu *freelance* et a réussi à multiplier les contrats pour d'autres maisons. « Je n'étais ni patron ni employé, la propriété de personne[2] », résume-t-il. À chaque nouvelle collection, il restitue l'essence de la maison pour laquelle il travaille, tout en la dépassant. « Il a su créer pour plusieurs marques une identité propre

1. Entretien avec l'auteur.

2. Guillemette de Sairigné, « Style : le prince Karl », article cité.

à chacune, grâce à sa culture et à cet esprit qui va à toute allure[1] », commente Vincent Darré.

Parmi ces marques, une glorieuse enseigne de luxe italienne : les fourrures Fendi, qu'il modernise. Sur un coin de table, il dessine deux F qui s'emboîtent, pour « Fun Fur ». Un dessin qui devient le logo de la marque. C'est le début de l'une des plus longues collaborations dans l'histoire de la mode. Karl Lagerfeld utilise la fourrure comme du tissu, avec une souplesse infinie, allégeant les formes des manteaux. Lors de ses voyages transalpins, Lagerfeld descend dans l'appartement que les sœurs Fendi lui prêtent à Rome. Quand il arrive, tout est prêt. Il regarde, conseille, repart. Il jongle à présent entre les bureaux, les avions, les styles, les matières, ses interlocuteurs. Un tourbillon. « Il passe de Fendi où il modernise les fourrures à Chloé qui est une mode très féminine, très romantique, avec beaucoup de dentelles…[2] », souligne Hervé Léger. Le processus qui s'est enclenché ne s'interrompra jamais.

---

1. Entretien avec l'auteur.
2. Entretien avec l'auteur.

Il y a de la frénésie dans la manière dont il mène systématiquement à bien ses activités de plus en plus nombreuses, de plus en plus plébiscitées, ce plaisir de ces dessins réalisés comme en secret, qui le poursuit depuis ses premières années à Bissenmoor… À croire qu'un double agit à sa place. Karl fait simplement vite et bien.

Naissance d'une légende

En cette fin des années soixante, soit une quinzaine d'années après son arrivée à Paris, la presse ne fait pas qu'orthographier enfin correctement le nom de Karl Lagerfeld. Elle lui consacre des reportages, le suit dans la rue, lui pose des questions. Elle veut savoir qui est cet Allemand bouillonnant d'idées qui est en train de faire sa place en France. En un mot, elle est intriguée.

Mai 1968. À quelques encâblures des barricades, Karl reçoit calmement, les bras croisés, dans son appartement parisien l'équipe du fameux magazine télévisé destiné aux femmes, *Dim Dam Dom*. L'émission s'intéresse en ce mois révolutionnaire aux dessous des hommes. Col roulé blanc, costume crème, Karl porte la raie sur le côté et de longues pattes de cheveux noirs. Il est allongé sur deux fauteuils blancs qui se font face, ses jambes croisées sont habillées de bottes beiges. Son regard est doux, mais noir. Il explique avec conviction son point de vue sur la question du jour, dont il représente le spécialiste mode. Tout est dans l'attitude. « Les sous-vêtements pour moi sont des vêtements tout court. Et je trouve que le petit mot "sous" est presque péjoratif. Car je trouve que, dans les sous-vêtements, on doit être aussi à l'aise que dans d'autres vêtements[1]. » Vous avez besoin d'une opinion affirmée sur un point de couture ? Appelez Karl.

À trente-sept ans, « le polyglote et apatride[2] » dessine pour une vingtaine de marques et « près de deux mille vêtements et accessoires par an[3] ». Ce cas unique au monde mérite bien un reportage au journal télévisé de 13 heures. En avril 1970, nouvelle interview, toujours chez lui, à son bureau cette fois. Devant les caméras, le personnage prend forme. Les cheveux ont poussé, les vête-

---

1. « Des dessous discutés », *Dim Dam Dom*, ORTF, réalisé par Rémy Grumbach, produit par Daisy de Galard, 12 mai 1968.

2. « Mode : styliste Karl Lagerfeld », journal de 13 heures, ORTF, 27 avril 1970.

3. *Ibid.*

ments sont plus foncés, et les yeux dissimulés derrière de grandes lunettes noires, lorsqu'il est filmé en train de donner ses instructions sur un mannequin. Le regard n'est pas encore totalement invisible, et une certaine douceur continue d'émaner de son visage. Elle contraste avec le ton, toujours aussi assuré. « Je fais une collection de robes chères, une collection de robes bon marché, des pull-overs, des maillots de bain, mais je ne fais jamais, même dans un autre pays, deux fois la même chose[1]. » Un peu plus tard, le créateur est même invité par le journaliste phare de l'époque, Yves Mourousi, qui le reçoit en plateau en janvier 1972. Karl Lagerfeld se prête à un jeu : rhabiller la chanteuse Dani en vamp. Le grand public est conquis. Pendant ce temps-là, la presse écrite se penche aussi sur ce jeune homme discret aux multiples identités : « Karl Lagerfeld [...] influence les modes comme les marques. La vogue pop, le kitsch, les jodhpurs, les robes à crinolines, il a tout prévu, tout imaginé[2]. » Sa

1. *Ibid.*

2. Dominique Brabec, « Un dandy discret », *L'Express*, 10-16 avril 1972.

force de travail intrigue : « En France, il dessine la collection de prêt-à-porter de luxe Chloé (son laboratoire), les tricots Timwear, les fausses fourrures de Monsieur Z, les gants Neyret… En Italie, les chaussures Mario Valentino, des maillots de bain, des chapeaux, des sacs, des bijoux, des tissus… En Allemagne et en Angleterre, des pull-overs[1]. » Alors que tout le monde s'extasie, Karl continue de tracer sa route.

Il est des rendez-vous immuables. Entre deux collections, entre deux interviews, le styliste peaufine son personnage, qui prend corps et continue d'infuser entre les boiseries de son endroit de prédilection, haut lieu des rendez-vous de l'intelligentsia artistique et littéraire. Au café de Flore, tout le monde sait désormais qui il est.

Seul Corey Grant Tippin, un jeune Américain fraîchement débarqué à Paris pour échapper à la guerre du Vietnam, ignore ce qu'il fait dans la vie. Mais il trouve chacune de ses apparitions en fin de matinée totalement fascinante : « J'avais vu beaucoup de gens extravagants dans ma vie

---

1. *Ibid.*

à New York, mais je n'avais jamais vu ça. Karl portait toujours plein de bagues, des bijoux, des accessoires. Il était incroyable, franchement intimidant[1]. » Il faut dire qu'en ce début des années soixante-dix, le Paris germanopratin s'est embourgeoisé, colonisé par les blazers et les cols roulés. Par contraste, l'allure graphique de Karl, extrêmement travaillée, à la fois douce par ses couleurs, stricte par sa composition et moderne dans la réinterprétation du courant pop, fait sensation. L'écharpe en crêpe de soie qu'il porte sur plusieurs chemises de la même matière, à imprimés colorés, l'énorme boucle de sa ceinture, sur son jean, sont une nouvelle déclinaison décalée de l'air du temps. En reprenant, pour son vestiaire personnel, le principe des créations qu'il réalise pour les femmes chez Chloé, Lagerfeld continue de se mettre en scène. Il veut dépasser l'image de l'Allemand mystérieux qui sillonnait Paris en décapotable à la fin des années cinquante. Il n'est plus seulement l'entomologiste minutieux de la société parisienne, mais l'un de ses éminents représentants.

1. Entretien avec l'auteur.

Il peut commander un Coca-Cola, sa boisson favorite, replonger dans ses lectures et, de temps à autre, jeter un œil à la montre qu'il porte par-dessus sa chemise. Il n'attend personne.

Le clan Lagerfeld

Ce succès, cette nouvelle notoriété, Karl Lagerfeld les doit bien sûr à son talent, à sa volonté inébranlable de concrétiser ses idées, à son image en construction, mais aussi, dans une certaine mesure, à une rencontre. Antonio Lopez est un brillant illustrateur et photographe américain, d'une dizaine d'années son cadet. Il vient d'arriver dans la Ville lumière pour renouveler son inspiration. Comme Karl, il est fasciné par le dessin. Le créateur admire sans retenue la modernité de son trait. Il comprend tout de suite l'intérêt de collaborer avec cet artiste, qui a travaillé pour de nombreux magazines de mode, parmi lesquels *Vogue* ou *Harper's Bazaar.*

Autour d'Antonio Lopez gravite un groupe de jeunes mannequins, filles et garçons, qu'il a embarqués avec lui. Ils sont venus vivre le rêve parisien des années soixante-dix. Corey Grant Tippin est l'un d'eux. D'abord déconcerté par le calme apparent de la France pompidolienne qu'il découvre, il se laisse peu à peu aller aux plaisirs du milieu de la mode, qui occupe alors le devant de la scène : « On ne faisait rien. Nous n'avions qu'un but dans la vie : vivre dans cette atmosphère magique, entouré de gens beaux[1]. » À l'époque, cette ambition était possible…

Karl a des antennes pour repérer les tendances ; il a aussi le don de bien s'entourer. Grâce à ses revenus et à son patrimoine, le créateur peut mettre à la disposition des jeunes hédonistes un premier appartement qu'il loue rue Bonaparte, puis un second, non loin de son quartier général, au 134 du boulevard Saint-Germain. Le lieu devient très vite un studio de création. On y passe pour bavarder, dessiner, se faire photographier, avant de repartir, ou de rester dormir. Les mannequins vont et viennent : Jerry Hall, Pat Cleveland ou Jessica Lange inspirent les deux mentors du groupe, qui s'entendent à merveille. Les désirs

1. Entretien avec l'auteur.

circulent. Antonio Lopez est venu trouver un nouveau souffle à Paris ; Karl prélève tout ce qu'il y a de new-yorkais en lui et l'implique dans ses activités. C'est ensemble qu'ils redessinent complètement la silhouette de la femme Chloé. Karl dicte ses idées à Antonio, qui réalise certains croquis. Parfois, l'illustrateur américain reprend ceux de Karl, accentue ou modifie le trait. « Ils étaient connectés, ils avaient en commun cette énergie formidable[1] », se souvient Corey Grant Tippin, devenu maquilleur et assistant d'Antonio.

La similitude entre le boulevard Saint-Germain et la Factory de New York est tentante mais trompeuse. Elle n'est pas non plus totalement infondée. Car la bande des Américains compte un artiste très en vogue : Andy Warhol, qui cherche en France des clients pour ses toiles pop. Karl va l'aider à rencontrer ceux qui comptent, font l'opinion, et qui accepteraient d'être immortalisés par le fameux procédé de sérigraphie. Warhol a cinq ans de plus que le couturier. Il a déjà exposé ses soupes Campbell,

1. Entretien avec l'auteur.

peint Marilyn Monroe et Elvis Presley, réalisé des films et échappé à une tentative d'assassinat. Il s'est créé un personnage, notamment à l'aide de ses fameuses perruques. Lagerfeld, en perpétuelle quête d'une identité redoublée, qui utilise la répétition du même motif et aspire à une activité protéiforme, ne peut que s'intéresser à l'artiste new-yorkais. Sans être fasciné, il est intrigué et l'observe. « C'était un type qui avait tout compris, qui volait et qui gadgétisait tout ce qu'il trouvait. Il se servait de tout ce que les gens apportaient, c'est le principe des grands artistes. Et Karl comprenait ça[1] », explique Vincent Darré.

La collaboration entre Karl et Antonio est officieuse. Lopez influence les lignes de Chloé, mais ne travaille pas directement pour la maison. C'est pourtant « grâce à la rencontre entre Karl et Antonio que le style Chloé est devenu si pointu, analyse Tan Giudicelli. Karl s'est servi de la bande des Américains, ils ont fait groupe autour de lui pour que Chloé réussisse. Il s'est alors imposé et le pouvoir s'est renversé. C'était Karl désormais le

1. Entretien avec l'auteur.

centre de la maison, ce n'était plus Gaby Aghion ni Jacques Lenoir[1] ».

Figure tutélaire, Karl impressionne la bande par son immense culture, ses propos émaillés de références historiques et de citations qu'ils ont vite fait de catégoriser comme ésotériques. Sa générosité impressionne autant que sa culture. En quelque sorte, il *sponsorise* les Américains. Il leur paye le loyer et les invite régulièrement à dîner dans les plus beaux endroits de la capitale. « L'un de ses restaurants préférés était la Maison du caviar, précise Corey. Mais sa bienveillance n'était pas seulement financière. Il nous aidait aussi, par ses conseils, à évoluer[2]. » La Coupole, la légendaire brasserie de Montparnasse, est un autre de ces endroits privilégiés qu'affectionne le créateur. Quand la nuit est tombée depuis longtemps, il peut y apparaître certains soirs, suivi de Pat, Paul, Billy, Juan, Antonio, Corey et tous les autres... Une fois de plus, il fait sensation. À son manteau, il a pu épingler une broche Art déco en bakélite, dénichée dans un magasin vintage où

1. Entretien avec l'auteur.
2. Entretien avec l'auteur.

il a ses habitudes, à Saint-Germain-des-Prés. Par leurs looks, tous se fondent à merveille dans ce haut lieu des années vingt et trente. On dirait un banquet païen. Karl parle un anglais impeccable. « Cela facilitait les discussions. Nous n'avons jamais fait l'effort de parler français[1] », se rappelle Corey Grant Tippin. Lors de ces dîners, Karl est souvent accessible, et amusant. Parfois, il reste étonnamment un peu à l'écart. Comme traversé d'une soudaine nostalgie.

La brasserie chic n'est pas l'apanage du clan Lagerfeld. Yves Saint Laurent y a aussi table ouverte. Il la partage avec sa bande, volontiers plus évanescente, plus proustienne en somme. Les styles s'affrontent. En apparence, personne ne se mélange vraiment, même si l'on pourrait passer d'une tribu à l'autre sans risquer les foudres des chefs. « On ne m'a jamais dit : "Ne vois pas Saint Laurent", et chez Saint Laurent, c'était pareil[2] », assure Corey. Mieux vaut cependant rester prudent, personne ne voudrait créer un drame entre les deux anciens amis devenus concurrents. Pour

1. Entretien avec l'auteur.
2. Entretien avec l'auteur.

lors, la rivalité se joue de manière feutrée, mais peut exploser à tout moment.

Au Flore, Karl n'est plus seul à l'heure du déjeuner. Il décortique la presse avec ses nouveaux amis américains, attentif à leurs réactions. Pour eux, le créateur reste finalement un homme étrange. À leur grande différence, il ne boit pas, ne fume pas et ne prend jamais de drogue. Moins par vertu que par une crainte probable, celle de perdre le contrôle. Il ne s'épanche pas non plus sur sa vie privée. Tout juste sait-on qu'il vit avec sa mère, qu'il a accueillie chez lui, rue de l'Université, à la mort de son père. Parfois, il l'évoque. On sent un amour et un respect profonds pour cette femme elle aussi bien mystérieuse. Les jeunes Américains sont intrigués. Ils rêvent de pouvoir approcher celle qui compte le plus pour Karl. Jusqu'à cette soirée où il les invite à dîner, chez lui.

Karl et Elisabeth

Corey Grant Tippin se souvient encore de son arrivée chez Karl et du contact de l'épaisse moquette marron. Avec ses amis, il découvre un lieu hors du temps, qui lui rappellerait presque la Coupole, en plus beau. Voilà donc le cadre de vie intime du créateur, son monde secret. Un habile agencement d'œuvres d'artistes : des laques de Dunand, une sculpture de Fontana, du mobilier de Lalanne… Sur les murs roses bordés de noir sont accrochés des miroirs dorés. C'est dans ce cadre apaisant que la soirée débute. Corey se souvient du contraste saisissant entre le mode de vie étourdissant des jeunes gens dont il faisait alors partie, débarquant chez Karl avec des pilules de Mandrax, ce sédatif puissant alors utilisé comme drogue, et la placidité toute prussienne du créateur carburant toujours au Coca-Cola.

L'appartement du 35, rue de l'Université s'est donc transformé. Aux fauteuils blancs au look futuriste et épuré, le créateur a préféré un autre style, radicalement différent : l'Art déco et ses échos au passé. « Karl était un avant-gardiste, souligne Patrick Hourcade. Ainsi, une nouvelle décoration d'intérieur allait se développer sous son influence. À l'époque où lui s'engageait dans cette nouvelle voie, personne ne s'intéressait encore à l'Art déco. Il va découvrir de nouveaux antiquaires pointus en la matière, comme Cheska Vallois ou Félix Marcilhac, aujourd'hui célèbres. Mais il va également repenser un art de l'habitat adapté à son temps[1]. »

Dans les volutes de fumée et les rires qui fusent, une question brûle les lèvres de Corey : où est donc madame Lagerfeld ? Étrangement, personne ne l'a encore vue. Cette absence intrigue le jeune mannequin. Il décide de quitter quelques instants le salon pour arpenter le grand appartement. Jusqu'à cette surprise : « J'ai ouvert une

1. Entretien avec l'auteur.

porte, et j'ai vu la mère de Karl dans une pièce qui devait être une annexe de sa chambre. Je savais que c'était très impoli de ma part… J'ai été très étonné de la trouver là, seule. Elle ressemblait énormément à Karl[1]. » Assez différemment du portrait esquissé par son fils, madame Lagerfeld apparaît à l'explorateur quelque peu réservée et d'une singulière douceur. Mais il n'aura pas vraiment le temps d'approfondir. Il referme la porte après avoir salué poliment celle qui passera manifestement tout le reste de la soirée dans le silence d'une pièce de l'appartement de son fils, pendant qu'il reçoit ses amis.

Karl aurait-il exagéré le caractère abrupt de sa mère ? Rares sont les témoins capables de répondre à cette question. Le cinéaste Francis Veber en fait partie. Il a, lui aussi, aperçu madame Lagerfeld, alors qu'il rendait une visite au créateur dans les mêmes années. Là encore, la rencontre fortuite fut rapide, quelques secondes à peine. Elle confirmerait le caractère tranché de madame Lagerfeld : « Elle m'a vu, a "aboyé" quelque chose à son fils, qui a eu l'air de comprendre. Elle semblait très

1. Entretien avec l'auteur.

germanique, avec des règles de conduite auxquelles Karl se pliait pour lui faire plaisir – parce qu'il avait son caractère aussi. Cela créait entre eux une sorte de complicité, un champ de forces mutuel[1]. »

Après ce dîner qui ajoutait une part de mystère au couple formé par Karl et sa mère, Corey va avoir l'occasion d'approcher de plus près Elisabeth Lagerfeld. Le créateur vient de louer une villa à Saint-Tropez, la capitale estivale des élégances. Il y reçoit ses amis de passage ; une fois de plus sa mère est là. L'assistant d'Antonio Lopez a le privilège d'accompagner Elisabeth en train, et sa première impression se confirme : « Elle était réservée, extrêmement bien élevée, pas du tout menaçante. Elle me traitait en gentleman, alors que j'étais loin du compte. On a dîné ensemble dans le train, et quand il a fallu payer, elle m'a glissé l'argent sous la table pour donner l'impression que c'est moi qui l'invitais… C'était tellement mignon[2]. »

À Saint-Tropez, madame Lagerfeld ne trouble jamais la vie de son fils, qui aime se mêler aux

1. Entretien avec l'auteur.

2. Entretien avec l'auteur.

discussions au bord de la piscine. Elle semble reconnaissante à Karl de la place qu'il lui accorde à ses côtés. Elle ne sort presque pas de la maison. Quand elle s'aventure en ville, elle arbore une superbe robe pour aller se promener. Karl, de son côté, a délaissé ses lourdes chemises en crêpe pour des débardeurs échancrés qui découvrent ses muscles saillants. Il continue de soulever régulièrement des poids. Avec ses cheveux noirs bouclés, son teint hâlé et son corps sculpté, on le confond volontiers avec un des membres de la joyeuse bande américaine. À cette différence près que le groupe lézarde au bord de la piscine, alors qu'il travaille inlassablement dans sa chambre. Parfois, Antonio réussit à entraîner son ami sur la plage. Il lui donne des leçons de séduction, de sociabilité, l'encourage à aller au-devant des autres. En ce domaine, Karl semble tout ignorer. « C'était amusant de le voir écouter Antonio, lui qui était plutôt réservé[1] », se rappelle Corey. Dessiner reste plus palpitant.

À Paris, l'appartement de Karl est sens dessus dessous. Une ruche qui grouille de partout. Il a

1. Entretien avec l'auteur.

accepté de prêter la rue de l'Université à Andy Warhol et Paul Morrissey, pour le tournage du film *underground L'Amour*, et même d'y jouer un rôle. Les Américains racontent leur vie sentimentale, lui improvise, en anglais. Il leur donne des conseils d'une voix douce, pleine de mélancolie. Débardeur blanc, cheveux mi-longs, il sourit, *sexy*. Sa pudeur légendaire est-elle mise à mal lorsqu'il doit, sous la caméra du chef de file du *pop art*, embrasser longuement, avec la langue et en plan rapproché, la mannequin Donna Jordan ? S'est-il souvenu des conseils d'Antonio ? Probablement pas. Car c'est avant tout un jeu. Et puis son âme, comme son cœur, est alors ailleurs.

Les affinités électives

Thomas de Bascher raconte qu'il suffisait à son oncle d'apparaître quelque part pour que des dizaines de paires d'yeux se tournent vers lui : « Jacques irradiait. On emploie parfois ce mot, *solaire*, pour définir quelqu'un. Jacques était solaire[1]. » Ce soir-là, au Nuage[2], un club homosexuel qui vient d'ouvrir à Saint-Germain-des-Prés, l'effet est encore plus prononcé sur Karl. « J'aimerais vous rencontrer » est en substance l'entrée en matière du jeune homme, qui connaît alors tout de l'artiste. Sa carrière en plein essor, ses collections, ses interviews. Il a deviné quelques-uns

1. Entretien avec l'auteur.

2. Cf. Marie Ottavi, *Jacques de Bascher, dandy de l'ombre*, Séguier, 2017.

de ses secrets, son envie de plaire, d'en *être,* tout en restant invisible, pour mieux observer ses contemporains et filtrer l'air du temps. Il fait subtilement la part entre la légende sociale, orchestrée dans Paris, et la réalité de blessures allemandes plus intimes. L'irruption du jeune homme auprès du créateur ne doit donc rien au hasard. Les entrées de Karl à la Coupole, ses soirées avec la bande américaine autour de lui, Jacques y a assisté du fond de la brasserie, bouillant d'appartenir à ce cénacle stimulant. Il s'est renseigné, documenté. Jacques porte déjà un peu de Karl en lui, et Karl, sans le savoir encore, a un peu de Jacques sous la peau. La rencontre, ici ou ailleurs, était inéluctable. Pendant longtemps du reste, pour les proches de Jacques, elle eut lieu au Flore, sur fond de banquettes rouges et de discussions éclairées. Comme souvent dans sa vie, et celle de Karl, la réalité, par sa force, se transmute instantanément en légende, au moment même de son écriture. « [Jacques] soignait ses entrées comme ses sorties[1] », assure Thomas de Bascher. Il savait aussi en cultiver l'aura.

1. Entretien avec l'auteur.

Quelle mise en scène a-t-il choisie pour son apparition ? Certainement celle dont l'effet produit le plus de désir. Comme une émanation d'un de ses livres de chevet, *Le Portrait de Dorian Gray* d'Oscar Wilde. « Quelque chose dans son visage engendrait une confiance immédiate. La jeunesse déployait là toute sa candeur et sa pureté passionnée. On aurait dit qu'il s'était préservé de la souillure du monde [...]. Il était fait pour être vénéré[1]. » L'inconnu à l'allure parfaite se présente. Jacques de Bascher de Beaumarchais ne porte pas une, mais deux particules, et un chapeau de marin orné d'un pompon rouge. Il arbore également avec beaucoup d'originalité un *Lederhose*, ce fameux habit traditionnel bavarois. Comme Karl, le jeune homme voue une passion aux vêtements portés comme des masques. Il aime aussi la littérature et les légendes. Une certaine manière d'enjoliver les choses.

Karl n'est certainement pas dupe du jeu, mais une part de mystère doit aussi le dépasser et échapper au déchiffrement. Son originalité vestimentaire fait écho à la sienne. Elle le transporte

1. Oscar Wilde, *Le Portrait de Dorian Gray*, LGF, 1972.

sans doute trente ans en arrière, lorsque, enfant, le port de la même culotte en cuir servait au créateur à se différencier des autres. Jacques de Bascher surgit dans l'existence de Karl Lagerfeld en personnage provocant, insolent. De quoi ravir le styliste.

Les deux hommes, qu'une vingtaine d'années sépare, devisent certainement jusqu'à l'aube. Cette rencontre, que l'on date de 1971, est peut-être la plus heureuse, la plus magique et, en revers, la plus déstabilisante, la plus tragique, de celles qui ont traversé la vie du couturier.

Elle marque avant tout les débuts d'une histoire entre deux hommes mus par une même passion : échapper au monde pour s'en créer, s'en choisir un. « Bien qu'il fût fier de ses origines et de la propriété familiale de la Berrière, cela n'était pas suffisant pour Jacques, d'où la construction d'une image qui correspondait davantage à celle qu'il avait de lui-même, et qu'il souhaitait que l'on ait de lui[1] », analyse son ami Christian Dumais-Lvowski. La seconde particule est en fait un ajout, celui du

1. Entretien avec l'auteur.

nom de la propriété familiale, pour surligner sa noblesse. « Il donnait l'image d'une sorte de prototype du jeune aristocrate français, avec tout ce que cela comportait de signes : l'élégance, la culture, un nom, une famille, des racines, des ancêtres, un goût pour l'histoire[1] », ajoute l'homme qui découvrira les traits de Jacques posant pour David Hockney sur une affiche, avant de le rencontrer. La France, l'aristocratie, l'élégance… Pour Karl, une marche de plus est symboliquement franchie vers la construction d'un univers personnel dont le centre fantasmatique reste le tableau de Menzel.

Jacques ne travaille pas. De l'oisiveté, il a fait un art, à la façon de la fleur de la noblesse du XVIIIe. L'époque le permet. Sa situation sociale aussi, sa famille possède un petit château en Bretagne et jouit d'une certaine aisance. Il consacre ses journées à jouer des artifices qui consacreront sa réputation de dandy. Il est l'artiste et le tableau, l'orfèvre et le bijou. « Jacques avait besoin de deux heures de mise en scène pour s'habiller, trouver la tenue impeccable en accord avec le contexte. Ce pouvait être un événement, une situation ou

1. Entretien avec l'auteur.

l'interprétation d'un personnage[1] », se souvient son neveu Thomas. Chaque matin, Jacques se réinvente, puisant ses références dans les livres qui l'entourent et ne le quittent pas. Pour Christian Dumais-Lvowski, « on ne saisit pas véritablement la personnalité de Jacques sans connaître son panthéon personnel, notamment toute une mythologie romanesque qui l'a beaucoup inspiré. Il s'intéressait en premier lieu à une littérature dite décadentiste de la fin du XIXe siècle, particulièrement à Joris-Karl Huysmans. Durtal dans *Là-bas* et le Des Esseintes d'*À rebours* sont des personnages qui ont influencé l'image qu'il s'est façonnée. [...] Il affectionnait les extrêmes, l'élévation et la chute, il s'intéressait autant à Jeanne d'Arc qu'à Gilles de Rais[2]... ». Pour Xavier, le frère de Jacques, l'autre grande fascination de ce dernier était Louis II de Bavière. « Le premier séjour de Jacques en Allemagne, vers treize ans, a eu lieu au bord du lac de Starnberg, où Louis II s'est noyé. Je pense qu'il s'est complètement identifié à lui à ce moment-là. Il était frappé

1. Entretien avec l'auteur.
2. Entretien avec l'auteur.

par son aspect romantique, poétique et fantasque. Ses délires, cette grotte secrète, ses tenues… tout en lui le fascinait. Le château de Neuschwanstein était l'endroit de ses rêves.[1] » Un bric-à-brac personnel de références qui se complètent et se mirent les unes dans les autres, auxquelles il faut ajouter le personnage de Sebastian Flyte de *Retour à Brideshead*, le roman d'Evelyn Waugh, qui incarne une certaine idée de la décadence. Il lui emprunte, en les rejouant à sa manière, les codes de l'étudiant oxfordien du début du siècle, en apparence nonchalant, porté sur la boisson et versant dans un romantisme sombre. Comme lui, il aime souvent se promener une bouteille d'alcool – du Chivas en l'occurrence – à la main. Dans l'autre, il tient le frère d'Aloysius, ce *teddy bear* en peluche fétiche que ne quitte jamais Sebastian. Le sien s'appelle Michka.

Les présentations officielles à la bande ont lieu l'été, à Saint-Tropez. C'est là que le jeune styliste japonais Kenzo Takada, nouvellement arrivé en France, aperçoit Jacques de Bascher pour la

1. Entretien avec l'auteur.

première fois. Il est subjugué par sa beauté un brin machiavélique. « Jacques était un garçon très beau. Il avait beaucoup de classe. Tout le monde flashait sur lui[1]. » Corey Grant Tippin se souvient de l'enchantement de Karl : « Il nous avait annoncé : "J'amène mon ami Jacques", heureux et fier d'avoir un tel personnage à ses côtés[2]. » Le soleil exacerbe les petites rivalités entre les uns et les autres. Karl ne déteste pas se taire et observer le jeu de la petite comédie humaine se dérouler sous ses yeux. Entre ses pages blanches, ses feutres, sa mère et Jacques, dans la fraîcheur de la pièce où il crée, seul, inlassablement, se dégage comme un parfum de bonheur.

À Paris, il se montre désormais aux côtés de Jacques. Un soir, on les voit dîner chez Maxim's vêtus de la même veste sombre, ornée d'une broche identique[3]. Jacques a intégré la bande du couturier. Il s'assied à sa gauche sur la banquette de l'Alcazar. Il s'est laissé pousser une petite

1. *Un jour, un destin : Karl Lagerfeld, être et paraître*, *op. cit.*
2. Entretien avec l'auteur.
3. Alicia Drake, *Beautiful People*, *op. cit.*, voir p. 251.

moustache, Karl porte un monocle à l'œil droit. Jumeaux en singularité, ils sont de tous les vernissages, de toutes les fêtes, de toutes les inaugurations de boîtes ou de restaurants, que leur présence et celle de quelques autres suffiront à rendre incontournables aux yeux du Tout-Paris.

Les mauvaises langues qui ne manquent alors pas de se délier traitent Jacques de gigolo et se trompent. S'il reçoit bien de l'argent de Karl pour vivre, s'habiller et faire la fête, il ne s'agit aucunement d'une transaction. Les rapports de la chair, comparés par le créateur à une gymnastique ennuyeuse, sont sublimés. Le tandem échappe à tout classement. Il est avant tout idéel, probablement idéal pour Karl. Au téléphone, il leur arrivera de se raccrocher au nez, simplement pour rire, parodiant ce qu'ils fuient, ce qui n'est même pas concevable pour des esprits : un bonheur installé et domestique.

Kaiser Karl

L'appartement de Jacques, loué par Karl, est à deux pas du café de Flore, dans la petite rue du Dragon. Ils se retrouvent souvent rue de l'Université, mais ne vivent pas ensemble. Une distance nécessaire pour maintenir entre eux l'inspiration réciproque. Ce duo sans égal s'isole de plus en plus du reste de la bande. Bientôt, Antonio Lopez occupera un autre lieu rue de Rennes, avant de refermer définitivement la parenthèse française.

À l'instar d'une muse, Jacques incarne pour Karl ce désir au fondement même de la création : une liberté, un souffle, une audace. Ensemble, ils cultivent le goût de l'apparence, qui renvoie à leur besoin d'être masqué pour avancer. « Je crois qu'il y a eu entre eux une forme de complémentarité, une relation esthétique, une relation artistique : Jacques a été une source d'inspiration pour Karl[1] », précise Christian Dumais-Lvowski. Les silhouettes qui défilent désormais sur les feuilles du créateur rappellent celle de l'homme aimé. Ce faisant, Karl arrache encore davantage Jacques au réel, contribue à en faire une figure de fiction.

Les imaginaires créatifs des deux hommes vont bientôt confluer, se cristalliser sur une figure, le personnage joué par Erich von Stroheim dans *La Grande Illusion* de Jean Renoir. La panoplie du commandant von Rauffenstein, avec son costume militaire, cette sorte de minerve et son monocle, constitue pour eux un modèle de rigidité et de perfection formelle. De plus, sa silhouette réveille en Karl le fantasme de l'entre-deux-guerres, l'Allemagne légère et décadente qu'ont connue ses parents. Aidé des conseils de Jacques, il adapte ce style vestimentaire à sa personnalité. Il délaisse pour de bon les chemises à imprimés de couleurs pour se constituer le vestiaire d'un personnage chic et strict. Adieu également le look

1. *Un jour, un destin : Karl Lagerfeld, être et paraître*, *op. cit.*

sexy et musclé. Karl prend une double décision et s'y tient, comme à une idée fixe : ne plus jamais apparaître bronzé et dissimuler au maximum sa peau. Ses vestes « vont être très près du corps, épaules larges, taille cintrée, directement inspirées d'Oskar Schlemmer, le pantalon droit impeccable, les chaussures vernies. Rien n'est négligé, tout est tenu. Ce n'est pas un travestissement, pas une quelconque "costumerie". C'est vraiment un véritable concept, et en même temps la naissance d'une passion pour l'apparence, avec une recherche et une sophistication dans les moindres détails, qui complètent et affirment un look qu'il affiche avec conviction. Ne jamais se laisser aller, tel est le credo de Karl Lagerfeld, qui à chaque heure du jour et de la nuit se veut présentable et impeccable[1] », analyse Patrick Hourcade.

À cela, il faut ajouter les chemises blanches aux cols hauts et raides, que Jacques porte lui aussi. Les foulards en cravate, le monocle, et une barbe noire qu'il laisse pousser et taille parfaitement ajoutent au maintien de l'ensemble. « Karl croyait qu'il avait l'air trop gentil, ce qu'il est. Mais il

1. Entretien avec l'auteur.

ne voulait pas le montrer. Alors il accentuait un côté rigide[1] », confie Vincent Darré. Le créateur adopte l'allure d'un baron allemand. « Pour lui, le summum de la civilisation, c'était d'abord la cour des Habsbourg, l'Empire austro-hongrois, Sissi, Louis II de Bavière… Puis la République de Weimar et tous les mouvements artistiques liés à une permissivité extrême de la société. La corruption, les gangsters, l'argent le fascinaient[2] », remarque Tan Giudicelli.

Karl retrouve ainsi les traces de deux grandes figures allemandes dont l'élégance et le raffinement lui apparaissent comme des valeurs ultimes, disparues. « Ma mère disait : "Écoute, il y a deux personnes que je trouve bien, Harry Kessler et Walther Rathenau. Le reste, c'est de la merde[3]." » Ce n'est pas seulement le port impeccable du diplomate mondain et celui du ministre assassiné de la République de Weimar qui repointent sous les hauts cols rigides de Lagerfeld, c'est tout un

1. Entretien avec l'auteur.

2. Entretien avec l'auteur.

3. Élisabeth Lazaroo, « Fendi et Karl fêtent leurs noces d'or », *Paris Match*, 8 juillet 2015.

monde perdu, un sens de la beauté extrême, fût-elle aveuglante.

Parallèlement, il poursuit sa collection Art déco avec assiduité. La galeriste Cheska Vallois, grande spécialiste de la période, se remémore l'homme pressé qui se précipitait chez elle plusieurs fois par semaine après sa journée de travail, alors qu'elle était en train de fermer boutique : « Il arrivait, virevoltant, souriant. Il regardait tout, faisait des réflexions sur tout. Tout lui plaisait, tout l'amusait. Il apprenait à une allure folle. Avec l'œil du couturier, vif et sûr, qui voit tout de suite la qualité et l'importance des pièces. Il choisissait les meilleurs créateurs. Karl avait un monde intérieur immense[1]. » Il regarde, analyse et achète sans hésitation les meubles qui signeront la sureté de son goût et complèteront, tels des totems, sa vision.

En juillet 1973, il accepte la visite de la télévision allemande, qui est venue le suivre dans son quotidien. Elle le filme en train de travailler et de poser à la fenêtre de son appartement pari-

1. Entretien avec l'auteur.

sien[1]. Veste en velours marron, grand col cassé et pochette blanche, foulard orange. Sur ces images rares, Jacques est à ses côtés. Il est à peine plus grand que lui et pratiquement vêtu de la même manière. Les deux hommes se promènent lentement, dans cet univers harmonieux, à mille lieues des préoccupations de la France de l'époque et du choc pétrolier qui couve. Deux ludions incrustés dans un décor lointain, inexpugnable. Ne manque qu'une légère brume et l'illusion serait parfaite : Karl a recomposé l'Allemagne de l'entre-deux-guerres dont sa mère lui a livré une image idéalisée.

« Jusque longtemps après la guerre, expliquera-t-il plus tard, j'avais l'impression d'être né trop tard, d'avoir loupé la vie d'avant[2]. » Voilà peut-être une manière de rendre hommage aux plus belles années de sa mère, avant qu'elle ne se retrouve délaissée par son mari aux confins d'une Allemagne perdue, alors que les nazis prenaient le pouvoir. Une interprétation à coup sûr beaucoup

1. *Treffpunkte Lagerfeld*, SWR, 17 juillet 1973.

2. Bayon, « Karl Lagerfeld, entre les lignes de Keyserling », article cité.

trop sentimentale pour celui qui revêt désormais l'apparence d'un *Kaiser*.

Pendant ce temps, ses robes, inspirées elles aussi de cette période, défilent pour Chloé, ravissent des rédactrices de mode conquises par la finesse et la beauté de ce monde ressuscité. « Karl révèle alors la vision d'un style total. C'est-à-dire : je suis un look, je crée le look de mon habitat, j'influence ainsi les codes du savoir-vivre, j'inspire les autres avec ce look[1] », résume Patrick Hourcade. Il touche son rêve du doigt. « Il s'est créé un personnage cinématographique entouré d'un mystère hollywoodien. Quand il arrivait au Flore, tout le monde était bluffé par ce type qui adorait claquer l'argent comme dans les films de Marlène Dietrich[2] », résume Vincent Darré. L'attitude attise certaines jalousies dans le petit milieu de la mode, Tan Giudicelli s'en souvient : « Quand certains ont commencé à l'appeler "le Kaiser", mes amis et moi l'appelions "la Païva", du nom de la maîtresse de Bismarck, une grande courtisane

1. Entretien avec l'auteur.
2. Entretien avec l'auteur.

du Second Empire qui s'était fait construire un hôtel particulier équipé de robinets en or. Elle sortait sur les Champs-Élysées habillée en violet, avec des diamants violets, un chien violet, la calèche et les chevaux qu'elle avait fait teindre en violet… Lui ne parlait plus que des Habsbourg, avec cette espèce de grandiloquence, mais il faisait illusion[1]. » Karl ne s'habille pas en *total look* violet, mais il reste traversé par une certaine idée de la cohérence… Et d'un monde éclairé, loin de la barbarie, à mi-chemin entre l'Allemagne des poètes et la France des Lumières.

1. Entretien avec l'auteur.

Il faut fuir le fantôme

Jacques et Elisabeth sont d'accord sur un point : l'appartement de la rue de l'Université est magnifiquement décoré, mais il convient de déménager au plus vite. Madame Lagerfeld est formelle : elle y a croisé un fantôme. Karl n'a pas vu le spectre, mais il l'a tout de même entendu. Il reconnaît aux lieux une part de malédiction. Un meurtre aurait été commis dans l'immeuble au XVIIIe siècle et un esprit, certes, pourrait bien y rôder depuis. Mais quitter ce doux rêve ? Ces années d'insouciance ? Seul contre deux, il finit par abdiquer.

Sur les images de la télévision allemande[1], Karl passe d'un pas alerte devant les lions

1. *Treffpunkte Lagerfeld*, SWR, 17 juillet 1973.

qui surplombent la fontaine de la place Saint-Sulpice. Ce début d'été 1973 paraît un peu frais. Il réajuste l'écharpe à carreaux sur son manteau gris clair, pris à la taille par une ceinture plus foncée. Il lève les yeux vers l'immeuble qui fait l'angle, face à lui. Il doit probablement penser que, depuis le balcon de l'appartement qu'il vient de trouver, sa mère, tout comme Jacques, pourra contempler à loisir le flanc gauche de l'église. L'endroit semble idéal pour bâtir une nouvelle rêverie.

Il retire son chapeau beige et pénètre au 6 de la place par la grande porte bleue. Au premier étage, sous les hauts plafonds de l'immense pied-à-terre, il s'avance dans des pièces en enfilade encore vides. Le papier peint a été arraché des murs, le sol est jonché de planches, de balais, de sacs de gravats. Des ouvriers rabotent une porte. Karl aime les projets, les chantiers. L'idée des choses en construction, en puissance. Pensif, il lisse sa barbe de deux doigts et peut imaginer les contours de son nouveau monde. Il doit déjà avoir en tête l'allure définitive du lieu : un autre décor hollywoodien, toujours années trente. Quatre colonnes, des rideaux fluides courant le long des fenêtres, des vases, des sièges en satin blanc, une grande table au centre... Sa chambre dans l'angle. Sans oublier toute une pièce consacrée aux livres.

Le pur et l'impur

Souvent, après avoir traversé la Seine, Jacques s'arrête un instant et regarde au loin. La nuit, Paris devient une autre ville, qui diffère en tout de sa version diurne. Son histoire s'y déploie avec plus de mystères et de secrets. Il s'avance vers le Palais-Royal. Avant la Révolution, l'édifice servait de résidence au duc d'Orléans, second personnage de l'État. Sous ses appartements du premier étage, le long des arcades, à deux pas de la Comédie-Française, se concentrait l'essentiel des filles de joie de la capitale. Au XVIIIe siècle, on publiait des brochures telles que *Tarifs des filles du Palais-Royal* et d'autres « guides touristiques » qui répertoriaient leurs spécialités, leurs qualités, leurs attraits, etc. Partout, le long de l'immense galerie rectangulaire hérissée de colonnes, s'élevaient d'éphémères tripots où l'on s'adonnait à des jeux de hasard proscrits par la loi, et des cafés où se retrouvaient Diderot, Voltaire, d'Alembert… La fine fleur des Lumières côtoyait les bas-fonds de la capitale.

Ce soir, les jardins sont calmes. Il lève la tête vers l'appartement où Colette finit ses jours. Il sait que Karl aime la simplicité de son style. Il a rendez-vous avec lui.

Il gagne la rue Sainte-Anne. Au numéro 63, pendant la Grande Guerre, un établissement appelé les Bains Sainte-Anne accueillait soldats en permission et bourgeois en goguette. Au milieu des années soixante-dix, l'élite homosexuelle y a établi ses quartiers nocturnes. La brigade des mœurs et les Renseignements généraux laissent faire. Couturiers, artistes, écrivains, jeunesse dorée, envahissent chaque nuit la rue, le Colony ou le Bronx.

Il se présente au numéro 7. Une porte noire s'encadre dans la façade ivoire d'un immeuble haussmannien. Derrière se tient le Saint Graal de l'époque, ouvert par Fabrice Emaer, le roi des noctambules. « Le Sept, de par sa taille, était le club le plus privé d'une certaine élite artistique et *underground*. Il attirait toute une faune issue du milieu de la mode. On faisait toujours des pieds et des mains pour entrer. Il fallait absolument tenter d'obtenir le sésame pour ce lieu principalement homosexuel, mais qui laissait entrer les jolies filles[1] », raconte l'une d'entre elles, Frédérique Lorca, alors mannequin cabine chez Chanel. On peut y croiser Mick Jagger, Iggy Pop ou l'humoriste vedette Thierry Le Luron. « Parfois, poursuit la noctambule, on pouvait apercevoir le cinéaste Rainer Werner Fassbinder et sa clique de mauvais garçons. Et, beaucoup plus souvent, le journaliste vedette Yves Mourousi, tout de cuir rouge vêtu, ou les premières *it girls* du microcosme de la mode, Pat Cleveland et Donna Jordan[2]. »

La porte s'ouvre comme par magie à la vue de Jacques. Il rejoint Karl pour dîner. Le restaurant, c'est la vitrine. « Au départ, c'était un chouïa guindé. Mais à un moment, avant le dessert ou quand on apportait les cafés, tout le monde se

1. Entretien avec l'auteur.
2. Entretien avec l'auteur.

mélangeait. Y avait la coupette aussi. La coupette, ça décoinçait tout ! La coupette, c'était bon. Ça favorisait les rapprochements, on se causait[1] », se souvient Jenny Bel'Air, une habituée du lieu. À la table voisine, la bande d'Yves Saint Laurent et de Pierre Bergé. Derrière eux, celle de Kenzo Takada. Chacun s'observe, de loin. Karl note, s'inspire. Jacques drague, parle, s'esclaffe. Il porte un blouson en cuir, chipé à un ami de Kenzo. Dessus, il a fait clouter un cœur vendéen et inscrit la devise de la famille de Bascher : « Ma foy mon roy ».

L'ivresse se répand dans les corps et sous les crânes. Elle gagne Jacques, en épargnant Karl, toujours sobre. Des marches creusent le sol vers un paradis pour certains, un enfer pour d'autres. « L'escalier en colimaçon était minuscule, se souvient Frédérique Lorca. Les gens étaient obligés de se coller au mur pour pouvoir passer. On arrivait au sous-sol : une bonbonnière minuscule mais hyper-moderne, entièrement placardée de miroirs, du sol au plafond, qui donnaient un effet de pro-

1. Entretien avec l'auteur.

fondeur. Le bar était au fond et tous les gens un peu fous scotchaient là[1]. »

À l'époque, il n'existe probablement pas à Paris endroit plus romanesque et décadent que ce sous-sol. Un couloir flanqué de banquettes. Cent personnes qui se trémoussent au rythme du disco naissant dans une promiscuité moite, haletante, mécanique. Les volutes de cigarettes noient dans leur brume les néons violets, verts et roses festonnant le plafond voûté. Jacques s'est éclipsé. Mais tout le monde est convaincu que Karl sait très précisément où est son compagnon, et ce qu'il fait.

Jacques de Bascher n'est pas seulement « ce personnage tout droit sorti d'*À la recherche du temps perdu*, habillé en petit monsieur, avec un costume un peu étriqué, un gilet, une canne en jonc, comme il apparaît sur une photo du début des années soixante-dix », précise Christian Dumais-Lvowski[2]. Son dandysme se décline. Quand le jour tombe, l'esthète se prépare. Il s'est forgé une réputation sulfureuse. « On racontait beau-

---

1. Entretien avec l'auteur.
2. Entretien avec l'auteur.

coup de choses sur lui, des propos sympathiques pour certains, assez acides, voire malveillants pour d'autres, poursuit Dumais-Lvowski. On le surnommait "Jacques de pas cher de bon marché", "le bel Otero" ou "le grand horizontal", des mots qui évoquent une sorte de demi-mondain, pour ne pas dire de demi-mondaine[1]. » Jacques boit, se drogue, enchaîne les amants, en quête de sensations toujours plus fortes. « Il était un jouisseur absolu. Il voulait tout connaître, tout goûter, tout consommer, résume son frère Xavier. Mais il n'avait pas un comportement suicidaire. Il connaissait ses limites et n'allait jamais au-delà[2]. » Pas vraiment un ange, ni vraiment un démon. Comme Karl, Jacques est multiple. Tout dépend de la facette qu'il décide de montrer de lui. « Il fréquentait plusieurs mondes qui n'étaient pas forcément perméables, précise Christian Dumais-Lvowski. Il y avait une sorte de cloisonnement. Je n'ai quasiment jamais rencontré d'autres personnes de son entourage[3]. » En tout cas, sa version nocturne fascine, elle aussi.

1. Entretien avec l'auteur.
2. Entretien avec l'auteur.
3. Entretien avec l'auteur.

« Cette figure[1] ! » s'exclame Vincent Darré. « J'étais très jeune à l'époque. Je le croisais souvent dans les boîtes homo. Il était d'une élégance ahurissante. Il était avec une bande de gens un peu comme lui, des homosexuels chics, en smoking, habillés dans le style des années trente ou un peu autrichien. Mais je l'évitais, il me faisait peur. On le disait méchant. On le disait diabolique[2]. »

Cette réputation, ce halo maléfique qui entourent son compagnon plaisent à Karl Lagerfeld, qui le voit en « diable fait homme avec une tête de Garbo. [...] C'est la personne qui m'amusait le plus, il était mon opposé. Il était aussi impossible, odieux. Il était parfait. Il a inspiré des jalousies effroyables[3] ».

Karl cherchait son double. Tous pensent qu'il a trouvé son exact contraire. En un mot, son idéal.

Sur la piste du Sept, Jacques retrouve Diane de Beauvau-Craon, une jeune fille qui cherche

1. Entretien avec l'auteur.

2. Entretien avec l'auteur.

3. Sylvia Jorif et Marion Ruggieri, « L'homme sans passé », *Elle*, 22 septembre 2008.

par tous les moyens à échapper au carcan d'une éducation rigide. « L'allure et la gueule que j'avais ne correspondaient pas du tout à cette jeune fille de bonne famille que j'étais, confie-t-elle. J'étais très extravagante. Cette excentricité, assez provocatrice de ma part, avait séduit Jacques[1]. » La rencontre a eu lieu quelque temps plus tôt, encore et toujours au Flore. Mais pour de vrai cette fois-là… « Jacques disait qu'il épouserait une jeune femme dont le titre et la situation sociale dans le Bottin mondain lui conviendraient parfaitement. Ce fut Diane[2], princesse et petite-fille d'Anténor Patiño, l'homme d'affaires bolivien, grand collectionneur d'art[3] », raconte Christian Dumais-Lvowski.

En attendant ce mariage fantasmatique, le jeune homme s'en donne à cœur joie avec sa compagne de nuit. « On vivait dans un tourbillon de drogues, de sexe, d'alcool, se souvient Diane. Jacques était un être extrême, un expérimental de la vie. Il aimait le danger, les expériences de la nuit. À cette époque-là, on pouvait se le permettre, c'était

1. Entretien avec l'auteur.
2. Alicia Drake, *Beautiful people*, *op.cit.*
3. Entretien avec l'auteur.

extrêmement séduisant parce que tout était permis. On vivait dans l'insouciance[1]. »

Ce n'est qu'en haut de l'escalier du Sept que Karl peut, s'il le désire, observer Jacques comme un papillon pris dans les flashs de la nuit. Car il ne descend que rarement se mêler à la faune. De toute façon, il ne semble pas s'inquiéter pour lui. « Parfois je ne comprenais pas leur relation, remarque Kenzo Takada. Jacques était tellement libre, il sortait beaucoup, il avait des copains partout. Je me disais : "Quand même, Karl est vraiment généreux de le laisser si libre[2]." »

Karl peut bien laisser Jacques à ses démons. Les siens semblent beaucoup plus sages. Maîtrisés depuis si longtemps que la folie de ces années ne l'atteint pas. « Je les ai vécues comme si j'étais derrière une vitre. J'admire les gens qui se détruisent, mais, moi, j'ai un instinct de préservation qui dépasse tout. Je n'ai jamais fumé, jamais bu d'alcool ni pris de drogue[3]. » Alors que Paris

1. Entretien avec l'auteur.

2. Entretien avec l'auteur.

3. Élisabeth Lazaroo, « Fendi et Karl fêtent leurs noces d'or », article cité.

s'agite dans la nuit, il préfère rester fidèle à ses passions silencieuses, pourtant moins sages qu'il n'y paraît : lire et dessiner.

Parfois, vers midi, alors que les cloches de Saint-Sulpice tintent dans l'air frais des matinées d'hiver, Jacques rentre dans l'appartement et lance un « Mein Kaiser ». *Mon empereur* : il est le seul au monde à pouvoir appeler Karl ainsi, à ironiser sur un personnage qui ne veut montrer aucun signe de faiblesse. Avant tout le monde, il a percé l'armure du styliste, et celui-ci ne peut l'ignorer. Karl, en retour, a trouvé un surnom à Jacques. « Karl l'appelait tout le temps Jako [...], sourit Diane de Beauvau-Craon. Jako, c'était quand tout allait bien, et Jacques, c'était quand on avait peut-être fait une bêtise de trop[1]. »

Elisabeth doit lire, allongée sur une chaise, dans la chambre du fond et Jacques contempler l'angle de l'église massive à travers une large fenêtre. En arrivant à Paris, il rêvait d'habiter près de ce lieu sacré, qui sert de décor à son roman préféré,

1. *Un jour, un destin : Karl Lagerfeld, être et paraître*, *op. cit.*

Là-bas, de Huysmans. Il se déroule en partie chez le sonneur de cloche, dont l'appartement occupe un étage de l'une des deux énormes tours carrées, curieusement asymétriques. Les deux protagonistes et leur hôte s'y retrouvent lors de dîners où il est question de messes noires auxquelles participeraient les milieux les mieux nantis de la capitale et de légions de démons planant sur la ville. Jacques conserve le petit livre dans sa poche. Il lui arrive de l'ouvrir avec délicatesse, comme s'il contenait quelque poison fatal, et de parcourir à nouveau ces lignes lues et relues qui sont maintenant plus qu'un simple écho à son histoire.

« Il conserva de cette scène une horreur alarmée de la chair qui tient l'âme en laisse et s'oppose aux scissions tentées. [...] De même qu'un homme qui a trop bu, la veille, songe, le lendemain, à des diètes de boissons fortes, de même il songeait, ce jour-là, à des affections épurées, loin d'un lit[1]. » Un imaginaire se déploie : l'encens se répand à travers les allées sombres, les voûtes,

1. Joris-Karl Huysmans, *Là-bas*, Gallimard, coll. « Folio classique », 1985.

avant de gagner l'orgue. On peut imaginer Durtal, sortant d'une messe noire, venir chercher refuge sous les vitraux les plus anciens, en quête d'une foi possible.

Jacques, lui aussi, cherche la lumière dans sa nuit noire. En Lagerfeld, il a trouvé une figure protectrice. « Karl essayait de protéger Jacques contre les démons qui se réveillaient de temps en temps un peu tous azimuts en lui, explique Diane de Beauvau-Craon. C'était fabuleux d'avoir quelqu'un qui vous aimait suffisamment pour venir vous repêcher dans des situations et dans des circonstances pas toujours faciles, évidentes ou jolies[1]. »

Pour Jacques, les nuits sont souvent courtes. Alors qu'il se dirige vers le bureau, d'autres images, d'autres sons, d'autres odeurs lui reviennent en tête. Les corps nus, les néons, les fumées de cigarettes… Jacques connaît le rituel. Il s'assoit en face de Karl. Le plus jeune entame le récit de la nuit au moment précis où son compagnon l'a laissé le soir précédent. Il lui dit tout. Raconte les visages extatiques, les sueurs tièdes, les jouissances

1. Entretien avec l'auteur.

arrachées. Les bars, la *backroom* de la rue Sainte-Anne écumés par Jacques n'ont plus aucun secret pour Karl. Il sait qui était là, ce que chacun a fait. Selon Diane, « il prenait un énorme plaisir, et une énorme part de complicité, à ce que Jacques lui raconte[1] », « toute cette vie qu'il s'interdisait. C'était un échange. Jacques n'aurait jamais pu vivre la vie de Karl et Karl n'aurait jamais pu vivre celle de Jacques[2] ». D'après Thomas de Bascher, « Jacques permettait à Karl de vivre par procuration des expériences et des excès qu'il ne s'autorisait pas[3] ». Le récit des exploits de Jacques tient aussi de la provocation.

Dans la beauté de cet après-midi naissant, comme un Dorian Gray des années soixante-dix, le jeune homme insolent est revenu inchangé de sa nuit de débauche. Son audace, sa liberté insolente flottent comme des parfums capiteux autour de lui. Mais contrairement au tableau du roman d'Oscar Wilde, celui de Menzel, qui sommeille quelque part dans la pièce du fond, ne s'est pas

1. *Un jour, un destin : Karl Lagerfeld, être et paraître*, *op. cit.*
2. Entretien avec l'auteur.
3. Entretien avec l'auteur.

terni. Comme celui du compagnon de Karl, les visages du roi, du philosophe et de ses convives restent jeunes et beaux. Pour quelque temps encore.

Les liaisons dangereuses

Au Sept, les soirées se suivent et se ressemblent. Le restaurant, les rires, les coupettes, le *dancefloor*. Un événement va rompre cette grisante monotonie. Kenzo Takada, qui dîne comme à son habitude quelques tables plus loin, se souvient. « D'un seul coup, il y a eu un bruit. Entre Pierre Bergé et Karl. [...] Tout le monde était étonné de voir une altercation au Sept[1] ! » Malgré l'éclectisme de sa clientèle, le Sept est un endroit réservé aux gens de bonne compagnie... « Tout le monde a été sidéré[2] », complète le styliste. On imagine la scène. Un échange d'abord bref, le ton qui monte,

1. *Un jour, un destin : Karl Lagerfeld, être et paraître*, *op. cit.*

2. Entretien avec l'auteur.

les échos de l'altercation qui envahissent le restaurant.

L'objet de la discorde est une histoire d'amour, qui flirte avec l'interdit, la transgression. Diane de Beauvau-Craon s'en souvient : « Je vais vulgariser la chose trente secondes : deux mecs se sont croisés, se sont vus, se sont plu et ont eu envie de pousser l'histoire plus loin. Sauf que, malheureusement, ces deux mecs s'appelaient d'un côté Saint Laurent, de l'autre Jacques de Bascher[1]. » Elle poursuit : « Je pense vraiment qu'il y a eu un petit coup de cœur. À l'époque, on avait des millions de coups de cœur à la minute. Cela n'aurait pas pris tant d'ampleur si Pierre Bergé n'était pas intervenu. Ce n'est certainement pas Karl qui aurait donné de l'importance à cette histoire[2]. »

C'est au Sept que Jacques de Bascher et Yves Saint Laurent ont lié leur histoire. Presque chaque soir, ils dînaient à deux, trois, quatre tables d'écart. Yves en compagnie de Pierre Bergé ; Jacques avec

---

1. *Un jour, un destin : Karl Lagerfeld, être et paraître*, *op. cit.*

2. Entretien avec l'auteur.

Karl. Fin 1973, les regards qui voguaient d'une table à l'autre entre les deux hommes s'embarrassent de moins de précautions.

Ils se plaisent, sont amants. L'aventure devient amoureuse. Yves est fou de passion pour Jacques. L'inverse est moins vrai.

Alors, au-delà du « coup de cœur », que cherche Jacques ? Toujours selon Diane, « Jacques était un provocateur. Voulait-il agacer ou titiller un peu Karl ? Peut-être. Dans n'importe quel couple normal, quand on trompe la personne qu'on aime, c'est quand même pour l'emmerder un peu, sinon ça n'a aucun sens[1] ».

L'idylle entre Jacques de Bascher et Yves Saint Laurent dévaste Pierre Bergé. Mais « Karl n'a jamais cessé d'aimer Jacques, quoi qu'il ait fait[2] », assure Diane, « et Jacques n'a jamais cessé d'aimer Karl. C'était une bêtise qui a nui à leur relation parce que la presse s'en est emparée. Mais au bout d'un moment, Karl s'en fichait éperdument[3] ». En tout état de cause, Jacques n'est jamais parti

1. Entretien avec l'auteur.

2. *Un jour, un destin : Karl Lagerfeld, être et paraître*, *op. cit.*

3. Entretien avec l'auteur.

avec pertes et fracas. Aucune scène de ce genre ne semble avoir eu lieu.

En revanche, Yves Saint Laurent se perd dans les affres de la souffrance amoureuse, prisonnier d'une histoire impossible. Il passe ses soirées dehors à boire, continue à se droguer. Il ne dort plus, ne travaille plus. Une nuit, il débarque place Saint-Sulpice en voiture. Fenêtres ouvertes, il tourne et hurle son amour sous les fenêtres de Jacques. La sérénade alerte le commissariat tout proche. Les policiers embarquent le couturier. Et Pierre Bergé doit se précipiter au milieu de la nuit pour récupérer son compagnon – à présent vaguement dégrisé.

Pourquoi Pierre Bergé s'en est-il pris à Karl plutôt qu'à Jacques ce soir-là au Sept ? L'idée que le génie d'Yves puisse se noyer dans les maléfices d'un Jacques de Bascher ne lui semble pas seulement pathétique, elle lui apparaît aussi comme la pire des injustices, voire le plus grand des dangers. Car il peut imaginer que cette histoire est une machination destinée à nuire à la maison Yves Saint Laurent. Le duel au milieu du temple de la nuit le plus fameux de la capitale n'est peut-être pas étranger à la renommée grandissante de Lagerfeld, à son idée du métier, à cette liberté mercenaire qui le pousse à accepter toute proposition, à sa force de travail. En creux, Pierre Bergé témoigne du pouvoir que Lagerfeld a pris dans le milieu de la mode au tournant des années soixante-dix.

Si Karl a un ennemi, ce n'est donc pas vraiment Yves, mais bien son compagnon, qui aura souvent l'occasion de dire à qui veut l'entendre tout le mal qu'il pense de Jacques. Cependant, l'altercation au Sept brise définitivement les liens noués par les deux anciens amis quelques années plus tôt – déjà bien distendus. L'époque où ils sillonnaient Paris avec Victoire et Anne-Marie dans la décapotable de Karl, écumant les tanières pour garçons avant de rentrer finir la nuit rue de Tournon, est révolue. Diane confirme : « Ils étaient déjà tous deux happés par leur univers de créativité et cela a été la goutte d'eau qui a fait déborder le vase[1]. »

---

1. *Un jour, un destin : Karl Lagerfeld, être et paraître*, *op. cit.*

Sans doute la rupture était-elle inévitable. Mais la vraie guerre aura lieu entre Karl et Pierre. Selon Diane, « Karl en voulait beaucoup à Pierre d'avoir foutu un bordel pareil, et d'avoir fait du mal, entre autres, à Jacques[1] ». D'après Thomas de Bascher, « Pierre Bergé serait venu menacer physiquement Jacques place Saint-Sulpice[2] ». Ce que nie fermement Bergé : « Je ne suis jamais allé voir Jacques de Bascher. C'est mal me connaître que de croire ça. Mon plus grand défaut, mais qui me sert de qualité peut-être, c'est ma grande faculté de mépris[3]. » Quoi qu'il en soit, à partir d'un certain moment, Yves Saint Laurent ne parviendra plus à voir Jacques ou à le joindre par téléphone. Quant à ce dernier, il ne sort pratiquement plus de chez lui. Thomas de Bascher l'assure : devenu paranoïaque, Jacques rase alors pratiquement les murs de l'appartement, de peur qu'une balle ne vienne traverser l'une de ses fenêtres.

---

1. Entretien avec l'auteur.
2. Entretien avec l'auteur.
3. *Yves Saint Laurent-Karl Lagerfeld : une guerre en dentelles*, collection « Duels » dirigée par Annick Cojean, réalisé par Stephan Kopecky, produit par Et la suite… !, France 5, 2015.

Le châtelain

Karl Lagerfeld voue une passion aux livres oubliés, pour ne pas dire *secrets*. Parmi les ouvrages qui circulent entre ses maisons, à côté des *Mémoires* de Saint-Simon et de la correspondance de Virginia Woolf, il y a *Elizabeth et son jardin allemand* de Mary Annette Beauchamp, plus connue sous le nom d'Elizabeth von Arnim, la cousine de Katherine Mansfield. En Poméranie, où elle avait suivi son Prusse de mari, le comte Henning August von Arnim-Schlagenthin, la romancière anglaise avait décidé de s'adonner, malgré l'hostilité du climat de l'Allemagne du Nord, à l'art du jardinage à l'anglaise. Elle relate cette entreprise dans son premier livre, sorte de journal intime paru anonymement en 1898. Elle n'y fait pas grand-chose d'autre que de commenter l'état de ses fleurs, mais l'ouvrage est alors un immense succès. Elizabeth von Arnim porte le même prénom que la mère de Karl. Elle écrit : « Nous sommes si loin de tout au monde qu'il faut, à qui désire nous voir, déployer une énergie peu commune[1]. » Pendant une quinzaine d'années, Karl Lagerfeld allait lui aussi cultiver à sa manière un paradis bucolique, loin de la frénésie parisienne.

L'histoire de ce « coin tranquille » à quatre heures de Paris, au nord de Vannes, commence alors que les arbres défilent le long de la route, dans le silence de la terre bretonne. On dirait les abords d'une forêt magique. La voiture ralentit. Jacques n'est pas peu fier d'avoir déniché l'endroit qu'il pense idéal pour Karl, au hasard d'une promenade non loin de la Berrière, la propriété familiale des Bascher.

À travers la brèche d'un mur qui n'en finit plus, on peut apercevoir la façade de l'édifice. Les vingt-cinq fenêtres et les quatre cheminées

---

1. Elizabeth von Arnim, *Elizabeth et son jardin allemand* (1899), Bartillat, 2011.

de ce petit château très abîmé se dressent, au loin, dans le ciel bleu. Ses proportions et son style n'ont rien à voir avec Sans-Souci, la résidence d'été du roi Frédéric à Potsdam, mais il a été construit à la même époque que le palais peint par Menzel. Sur le fronton du château de Penhoët, la date d'achèvement des travaux ne peut échapper à Karl : 1756 marque aussi la naissance de Mozart. Une fois franchie la grille, à gauche du parc, derrière un grand bassin, les vestiges des buis qui formaient autrefois un labyrinthe invitent à la déambulation solitaire. Le charme du lieu opère. La décision du créateur est prise.

Le 9 juillet 1974, Karl Lagerfeld devient propriétaire d'un château français. Un pas de plus est franchi dans cette quête d'un monde idéal qui ne l'a jamais quitté depuis son enfance, ce fil rouge plus essentiel que ses autres chantiers. « Une fois que Karl avait réalisé un rêve, il le laissait de côté, passait à un autre rêve, à une autre réalité[1] », explique Patrick Hourcade. Ce journa-

1. Entretien avec l'auteur.

liste qui travaille alors à la rédaction du *Vogue* a fait des études d'histoire de l'architecture. C'est au Flore, par l'entremise de la grande et excentrique rédactrice de mode italienne Anna Piaggi, qu'il rencontre Karl. Il se souvient de cette première prise de contact : « [Karl] déclarait à ce moment-là avoir acquis un petit château en Bretagne qui ne ressemblait en rien à un château breton, mais bien plus à l'un de ces très beaux hôtels particuliers du faubourg Saint-Germain. Ce à quoi je lui avais répliqué : "Avant de toucher à votre maison, vous devriez vous procurer tous les traités de l'époque concernant la maison, aussi bien la menuiserie, la peinture, les espaces, que l'art des jardins[1]." » Ces traités, Karl Lagerfeld charge le jeune homme de les trouver. La construction mentale peut commencer. Karl rédige des notes et des croquis. Il met en scène les lieux, décrit de manière précise sa vision. « Il a ce sens de l'occupation des volumes et de l'usage des espaces, précise Patrick Hourcade. Pour lui, chaque mètre carré a une fonction. Remplir des surfaces conséquentes, leur donner une raison

1. Entretien avec l'auteur.

de participer à l'art de la maison, et ne pas être que de simples décors rajoutés, est une règle de vie chez Karl. Il aime répéter : “Une nouvelle maison ? Pour y vivre quoi ?” Sa réponse est toujours la même : “Travailler, recevoir et ne perdre aucune place[1].” » Il imagine une grande chambre en haut de l'escalier dans laquelle on pénétrerait par une galerie. Pour être d'un accès pratique, et que les invités puissent s'y rendre facilement, le salon devra être en bas.

Les travaux débutent. Il faut dynamiter un terrain pour créer un bassin d'eau, reconstruire l'aile brûlée, terrasser le devant du château, refaire les jardins. Karl s'inspire de l'art de vivre du siècle des Lumières. Patrick Hourcade poursuit : « Il voulait reproduire dans ce château l'agrément d'une maison du XVIIIe siècle, siècle qu'il admirait pour son inventivité. “Le confort et l'ergonomie sont nés à cette époque”, déclarait-il[2]. » L'organisation de la lumière est prioritaire. Elle s'appuie sur des réflexions de miroirs. Descendre le grand escalier à balustres pour se

---

1. Entretien avec l'auteur.
2. Entretien avec l'auteur.

rendre à la salle à manger, avant de remonter au bureau travailler : des parcours sont imaginés comme autant de promenades esthétiques qui se prolongent dans le parc, à l'ombre des grands arbres bordant le Mail – nom que Karl donne à l'allée séquencée par des bancs de pierre inspirés de Fragonard. « Il aimait ces promenades qui finissaient en contrebas, au bord de la rivière, une allée plus intime le ramenait alors avec ses amis vers le château[1]. » Passionné d'architecture, le couturier ne laisse rien au hasard. Il fait placer des orangers dans des pots identiques à ceux du château de Versailles. Le paysagiste Michel Riguidel reçoit des consignes strictes : « Monsieur Lagerfeld voulait un jardin style XVIIIe siècle, avec des broderies de buis. Il savait ce qu'il voulait. Quand quelque chose n'allait pas, il faisait refaire[2]. » La lumière passe à travers la maison. Le ciel se reflète dans les bassins aux eaux jaillissantes, qui contrastent avec le gris de la pierre bretonne. Une vision prend vie. Karl peut maintenant l'habiter.

1. Entretien avec l'auteur.

2. Entretien avec l'auteur.

Chaque fin de semaine, il se rend au château de Penhoët, qu'il a rebaptisé Grand-Champ, du nom du village voisin. « Grand-Champ », comme une traduction approximative de Lagerfeld en français. Karl est à la fois un roi prussien et un monarque français, un aristocrate soumis à une tradition : « Un château allemand n'a pas de rideaux, ce sont les bourgeois qui ont des rideaux ou des couverts à poisson : une idée bourgeoise, comme de dire la particule[1]. » Patrick Hourcade sait que, pour Karl, c'est l'extérieur du château qui compte avant tout. Son allure. « Personne ne venait le déranger, remarque-t-il. Il pouvait travailler, faire des tas de dessins pour ses collections, mais aussi pour son plaisir. [...] Il n'oubliait pas non plus de mettre alors une des musiques qu'il affectionnait, comme *Le Chevalier à la rose*, la fenêtre ouverte sur le parc ; la musique se mêlait au jet d'eau du bassin[2]. »

Parmi les invités privilégiés qui osent s'aventurer sur les terres bretonnes, sa muse, Anna Piaggi.

1. Bayon, « Karl Lagerfeld, entre les lignes de Keyserling », article cité.

2. Entretien avec l'auteur.

Karl la dessine sous tous les angles, dans toutes les tenues. Les croquis, qu'il signe de ses initiales entrelacées, s'accumulent autour de lui. Celui-là, il l'intitule *Passé parfait, Annachronique en authentique*[1].

Jacques dispose d'une chambre tout en haut de l'immense escalier en bois. Au premier étage, dans la partie gauche, les appartements de Karl dominent le parc. Depuis sa fenêtre, il aperçoit les jets d'eau, les grilles et, en se penchant, le petit bois où il aime se promener l'après-midi. Vingt-six hectares de verdure. De l'autre côté, dans l'aile droite, il a installé la chambre de sa mère. Elle sort peu, préférant observer les poissons qui frétillent dans le bassin.

Après l'Allemagne d'avant-guerre ressuscitée grâce à l'Art déco, on peut imaginer que c'est aussi pour Elisabeth que Karl a composé cette nouvelle vision idyllique, hors du temps et de la réalité. Selon Patrick Hourcade, « c'étaient des moments précieux et forts que Karl vivait là. Ce château était un monde merveilleux. Entouré

---

1. Anna Piaggi, *Karl Lagerfeld, a Fashion Journal*, Thames and Hudson, 1986.

de quelques amis, de Jacques et de sa mère, il s'y sentait très heureux[1] ». Jacques de Bascher reprend des couleurs. Le temps, pour Karl, semble suspendu.

1. *Un jour, un destin : Karl Lagerfeld, être et paraître, op. cit.*

Un papillon dans la tempête

« Pendant des années, Dorian Gray ne put se libérer du souvenir de ce livre[1]. » Jacques, comme le héros de Wilde, semble de plus en plus possédé par *Là-bas* de Huysmans, qu'il connaît par cœur. Il est en train de réaliser son rêve : vivre dans les pas de Durtal, son héros sulfureux. Karl lui a en effet permis de s'installer dans l'appartement qu'il n'occupe plus place Saint-Sulpice. Par provocation, par jeu et pour le plaisir de la subversion, Jacques de Bascher célèbre désormais, à deux pas des tours de l'église, des messes noires contemporaines. Il donne ses *soirées*, où se précipite le Tout-Paris politico-médiatique. Parmi elles, la nuit du « Képi blanc », organisée

1. Oscar Wilde, *Le Portrait de Dorian Gray*, *op. cit.*

en hommage à la Légion étrangère, et en l'honneur d'un ami de Bascher, Jérôme Pelos, alias Jean-Claude Poulet, légionnaire, homosexuel militant, monarchiste, et futur adjoint au maire Front national de Toulon[1].

La Harley-Davidson de Jacques trône au milieu de l'appartement. Les rétroviseurs servent de plateaux à des pyramides de cocaïne rose. On peut se servir sans risque. Avec lui, elle est toujours de bonne qualité. Une chaise de gynécologue trône dans l'une des pièces. Elle sera détournée de son usage initial. « Comme souvent dans les fêtes de Jacques, la soirée pouvait commencer d'une façon anodine. Mais au fur et à mesure que la nuit avançait, l'atmosphère devenait de plus en plus étrange, glauque et orgiaque[2] », confie Christian Dumais-Lvowski.

Les thématiques varient, mais il y a des constantes. Jacques affectionne les uniformes. Ceux des légionnaires, mais aussi ceux de l'armée allemande, qui, avec leurs cols très hauts, le

1. Michel Henry, « Les jours et les nuits de Poulet-Dachary », *Libération*, 31 août 1995.

2. Entretien avec l'auteur.

fascinent. Comme souvent, il a invité certains pompiers de la caserne de la rue voisine du Vieux-Colombier. Il conviera peut-être aussi les éboueurs rencontrés en bas de l'immeuble, au petit matin. Ils croiseront alors Grace Jones ou Mick Jagger. Jacques aime le mélange des genres, des univers, des milieux sociaux. Il aura alors tous les éléments pour faire de sa nuit un récit des plus détaillés à son compagnon.

Inexorablement, Jacques vit et met en scène sa chute, sa lente décadence. Et il a trouvé un œil pour la regarder. Selon Thomas de Bascher, « Karl observait Jacques comme un papillon dans la tempête[1] ». Une disposition scopique confirmée par le couturier : « J'aime faire avec le monde comme Rostand avec les insectes : les observer[2]. » Un observateur qui, comme il le précise lui-même, n'est jamais pousse-au-crime. En fait, c'est inutile, il suffit juste de réunir les conditions. Comme ce soir du 24 octobre 1977.

1. Entretien avec l'auteur.

2. Marianne Mairesse, « Le petit monde de Karl Lagerfeld », article cité.

Un petit groupe attend devant l'entrée de La Main bleue, cette discothèque africaine et antillaise à Montreuil, haut lieu parallèle de la nuit, où se réunissent ceux qui n'ont pu entrer au Palace. Vincent Darré se souvient de l'avant-gardisme de l'établissement : « C'était le premier chantier de Philippe Starck, sous un supermarché, un hangar gigantesque. On rentrait par une porte tenue par deux types patibulaires et on descendait un escalier noir à rampe rouge fluo[1]. » Des gens de la mode, du spectacle, des journalistes. Tous ont été invités à ce qui sera sûrement la soirée de l'année. « *Moratoire noire*, c'était une fête imaginée par Jacques avec Xavier de Castella, inspirée par un séjour à New York. Sans doute l'une des premières à réunir plusieurs centaines de personnes[2] », précise Christian Dumais-Lvowski. Le carton envoyé au Tout-Paris stipule, entre deux parenthèses, « Tenue tragique absolument obligatoire ». Concrètement, il s'agit de s'habiller en cuir, noir. La planète mode s'est préparée des heures pour l'événement. « Cela promettait d'être

1. Entretien avec l'auteur.
2. Entretien avec l'auteur.

follement excitant, rigolo, avec toute la bande de Karl, de Jacques, de Xavier, des gens amusants, certes extrêmes, mais très élégants[1] », se souvient Frédérique Lorca qui a réuni chez elle sept de ses amies, avant de sortir. « On s'habillait en noir, bien entendu. On avait déniché des fichus en mousseline, des petites robes jersey lycra un peu sexe mais pas trop, et des casquettes de cuir noir[2]. » La fête, organisée par Jacques en l'honneur de Karl Lagerfeld, a été financée par le couturier. En bas de l'immense escalier, la salle en béton se remplit. Paris n'a jamais vu ça. Et la soirée ne fait que commencer. « Imaginez mille personnes toutes habillées en noir avec des maquillages extravagants, des costumes qui l'étaient tout autant, dans une ambiance fortement sexuelle, quand même assez lourde, assez tendue, avec tout l'attirail sadomaso, des combinaisons de latex, des masques, des cagoules, des cravaches[3] », évoque Christian Dumais-Lvowski. Vincent Darré est là lui aussi : « On voyait des gens en Dracula avec des dentelles

1. Entretien avec l'auteur.
2. Entretien avec l'auteur.
3. Entretien avec l'auteur.

noires, des types en cuir, d'autres en nazis. À l'époque punk, ça ne paraissait pas bizarre. [...] L'époque n'était pas morale, le politiquement correct n'existait pas[1]. » Edwige Belmore, figure de la nuit, porte un loup en résille. Jacques, lui, est en tenue d'escrimeur. Blanche. Jouerait-il l'innocent ? Sous ses bretelles défaites, il arbore un tee-shirt à son nom. Cheveux courts, raie sur le côté. Barbe légère, la bouteille d'alcool à ses lèvres. Karl arrive enfin, tel un ange machiavélique : longue chemise noire à col droit comme une minerve, lunettes noires, bottes à larges revers. Ses cheveux longs sont défaits. La soirée peut basculer.

Les flashs des lasers bleus éclairent d'étranges tableaux vivants. Un journaliste connu danse *La Mort du cygne* en tutu dans un simulacre de combat à l'épée. Vincent Darré sent qu'il se passe quelque chose : « Après minuit, une heure, on a commencé à voir des types faire des trucs bizarres sur des flippers. [...] Je me suis dit que c'était le moment de partir[2]. » Puis le monde de la mode

1. Entretien avec l'auteur.
2. Entretien avec l'auteur.

assiste mi-intrigué, mi-interloqué, à une scène de *fist-fucking* sur la petite scène.

Kenzo Takada est mal à l'aise : « Ce n'était pas une fête gaie... Il n'y avait pas de boissons, il fallait chercher... Et puis c'était tellement *hard*. Cuir, tout noir, j'ai détesté. Je suis parti assez vite[1]. » Des hommes sont torse nu, d'autres ont retiré leur pantalon. Les corps se déhanchent sur la musique, on s'embrasse, on se palpe. La drogue, le sexe, l'alcool sont les antichambres du plaisir et de la beauté, fussent-ils sombres. Ce soir-là, pour beaucoup, le grand organisateur, Jacques de Bascher, incarne l'envers de son dandysme extrême, une manière de décadent, un ange déchu. Ce n'est pas pour lui déplaire. Pour Christian Dumais-Lvowski, « Jacques n'était pas exempt d'une certaine fascination pour les bas-fonds[2] ».

Il est temps pour Karl de s'esquiver du *dance-floor*. Comme d'habitude, il n'a bu que quelques verres de Coca-Cola. Il doit remonter l'escalier. S'il se retournait vers la salle, il pourrait voir là quatre mille corps se déchaîner à ses frais en sui-

1. Entretien avec l'auteur.
2. Entretien avec l'auteur.

vant le rythme imprimé par Jacques. Ces corps, moins que les pages d'un livre, il n'a fait que les effleurer, quand l'époque est en train de les consumer.

En quelques instants, le couturier sera loin de cette luxure. Il n'en emportera que des images sublimées, peut-être destinées à ses prochaines collections. Après avoir plongé quelques saucisses dans un pot de moutarde et, exceptionnellement, trempé ses lèvres dans un verre de vin blanc de La Berrière, il pourra dessiner.

Au petit matin, une horde de modeux hagards s'échappe du bunker. « Toutes ces personnalités extravagantes habillées de manière complètement incroyable, à moitié démaquillées… Pour les riverains, ça a dû être un choc[1] », s'amuse Frédérique Lorca. Dans quelques heures, la presse évoquera ces incroyables bacchanales. « Karl a adoré cette histoire parce qu'elle faisait scandale et peut-être aussi parce que son couple culminait dans une apothéose d'images bizarres et macabres[2] », analyse Vincent Darré. Malgré son parfum de soufre,

---

1. Entretien avec l'auteur.
2. Entretien avec l'auteur.

cette soirée consacre un couple qui a retrouvé son équilibre après la tempête. La consécration, aussi, du nouveau roi de la nuit, de Paris, des années soixante-dix et de la mode. Celle d'un homme dont le mystère ne cesse de s'épaissir et l'aura, simultanément, de grandir.

Dans l'appartement vide, une phrase pourrait revenir en mémoire à Jacques. « Il s'acquit la réputation d'un excentrique qu'il paracheva en se vêtant de costumes de velours blanc, de gilet d'orfoi, en plantant, en guise de cravate, un bouquet de Parme dans l'échancrure décolletée d'une chemise, en donnant aux hommes de lettres des dîners retentissants, un entre autres, renouvelé du XVIIIe siècle, où, pour célébrer la plus futile des mésaventures, il avait organisé un repas de deuil[1]. » Les mots sont de Huysmans. Joris-Karl.

---

1. Joris-Karl Huysmans, *À rebours*, Gallimard, coll. « Folio classique », 1977.

Le déclin du jour

C'est au détour d'une phrase anodine que Karl Lagerfeld annonce à son entourage proche la mort d'Elisabeth, quelques jours plus tôt, en septembre 1978, au château de Grand-Champ. Le couturier ne s'appesantit pas sur le sujet. « Ma mère est morte à quatre-vingt-trois ans, en pleine forme et par sa faute. Le médecin lui avait dit de marcher. Elle ne l'a pas fait. Voilà[1] », expliquera-t-il plus tard. *Voilà*. Circulez, il n'y a rien à voir. Lui-même n'a rien vu. « Karl n'était pas au château, il travaillait à Paris. Sa mère est morte soudainement[2] », explique Patrick

1. Virginie Mouzat, « Un déjeuner chez Karl Lagerfeld à Paris », *Le Figaro*, 20 août 2011.

2. *Un jour, un destin : Karl Lagerfeld, être et paraître*, *op. cit.*

Hourcade. La pudeur familiale impose de disparaître sans laisser de trace. Karl ne retournera donc pas au château. Pas tout de suite, en tout cas. Sa mère ne l'avait pas prévenu de la mort de son père, elle n'a pas souhaité davantage que son fils voie son dernier visage. Il ne tourne pas une page en douceur, il déchire l'une des plus importantes de sa vie. « Il était capable d'effacer le passé immédiatement, de ne pas s'en encombrer[1] », confirme Hervé Léger. S'il continue de travailler, ne modifie pas son agenda, ne montre rien de sa tristesse, en est-elle moins terrible ? Pour Patrick Hourcade, « cette mort a dû être un grand choc. Un coup du destin : cette femme qui l'avait aidé toute sa vie à aller toujours de l'avant, c'était un personnage très fort qui s'en allait. Il resta digne et n'en parla presque jamais[2] ». La disparition d'Elisabeth marque un tournant dans la vie de Karl. Une vie jusque-là passée à digérer la rudesse de ses paroles, à se conformer à l'idéal maternel et à tout mettre en œuvre pour son bonheur.

1. Entretien avec l'auteur.
2. Entretien avec l'auteur.

La grille du domaine est fermée. Le vent souffle dans les arbres du parc. L'eau des bassins est immobile. Le labyrinthe est recouvert de feuilles. Quelques rayons de soleil pâlots frôlent la façade grise. Dans les pièces désertées, des dessins éparpillés au sol, comme à l'abandon. Des photos, aussi… Et quelque part, non loin de sa chambre, les cendres d'Elisabeth. À Paris, Karl a annoncé qu'elles seraient dispersées dans le parc du château. Pour l'instant, elles attendent. Figées dans le temps.

Au fond, tout se passe comme si rien n'avait changé. Le château est désormais un monde évanoui ; Karl poursuivra ses ambitions esthétiques ailleurs. En l'occurrence à Paris, dans cet immense hôtel particulier qu'il loue à quelques numéros de son ancienne adresse, rue de l'Université. « Construit par Lassurance, l'hôtel de Soyecourt date du début du XVIIIe siècle. Il a été acheté au XIXe par le duc Pozzo di Borgo, d'origine corse. C'est une demeure plus vaste et somptueuse que Grand-Champ, et je pense qu'il plaisait à Karl d'avoir dans Paris un cadre correspondant pleinement à son goût et à sa dimension[1] », précise l'historien de l'art Bertrand du Vignaud.

Après l'extérieur, l'intérieur. Le couturier vient de vendre sa collection Art déco. Une nouvelle lubie a commencé. Elle va se poursuivre avec d'autant plus de sûreté que Karl a trouvé son écrin. Il écume les antiquaires, pris, d'après Bertrand du Vignaud, d'« une boulimie d'achats extraordinaire. Des meubles, des bronzes, des tapisseries… Ainsi, il avait pu acquérir quelques objets mythiques du XVIIIe siècle, dont la fameuse série des tapisseries d'Esther, qui venaient du château de la Roche-Guyon. Ainsi qu'une garniture admirable en porcelaine et bronze doré, de nombreux fauteuils dus aux meilleurs ébénistes et de nombreux tableaux, œuvres des célèbres peintres des XVIIe et XIXe siècles, tels que Philippe de Champaigne, Hyacinthe Rigaud ou Fragonard[2]… ». Daniel Alcouffe, autre spécialiste de cette époque, ajoute : « Il aimait surtout les meubles de menuiserie, les meubles en bois doré. D'après lui, le siège du XVIIIe était ce

1. Entretien avec l'auteur.

2. Entretien avec l'auteur.

qu'on faisait de plus confortable, de plus adapté au corps humain. Il en avait d'extraordinaires, de véritables sculptures[1]. »

Lagerfeld ne construit pas un musée ou une parodie. Bertrand du Vignaud témoigne qu'« il avait parfaitement compris l'époque dans ses plus grands raffinements, saisi l'alternance entre garniture d'hiver et garniture d'été, la différence entre les meubles courants et les meubles meublants, et l'importance du reflet des bougies sur les dorures et les cristaux[2] ». Karl dîne, travaille et se couche dans du XVIIIe siècle. Dans Paris, on raconte qu'il n'a pas l'électricité et préfère s'éclairer aux bougies. Ce n'est pas faux, mais dans une pièce uniquement. « Sa chambre était hallucinante, avec un tout petit lit à baldaquin, se souvient Vincent Darré. Je me demandais comment il pouvait dormir là-dedans ! Mais Karl dormait comme un gisant, il n'avait donc pas besoin de beaucoup de place[3]. » Le lit en question, dit de « chaire à prêcher », très sculpté, possède des soies lyonnaises jaunes brodées d'argent.

---

1. Entretien avec l'auteur.
2. Entretien avec l'auteur.
3. Entretien avec l'auteur.

Il ne s'habille pas en personnage des Lumières, mais son apparence évolue. Et comme toujours, ce sont les détails qui font la différence. À Grand-Champ, il s'était rasé la barbe sur un coup de tête. Le modèle de la République de Weimar avait déjà disparu. En clin d'œil aux perruques du tableau de Menzel, il réunit à présent ses cheveux longs en catogan et les fait poudrer de lycopode, un shampoing sec. Il ressort l'un de ses accessoires fétiches, l'éventail, qui s'accorde parfaitement avec ses nouveaux goûts. « L'éventail aux formes aussi variées que ses styles devenait entre ses mains un argument de plus pour son look très sophistiqué, remarque Patrick Hourcade. Il se jouait de cet instrument avec habileté, et aimait la posture et se cacher derrière[1]. » Le geste devient un style. Officiellement, il lui permet de chasser la fumée de cigarette. Mais, surtout, il le protège. Des regards et du monde.

---

1. Entretien avec l'auteur.

L'allure du spectre

Ouvert quatre ans plus tôt, en 1978, par Fabrice Emaer dans l'ancien théâtre de la rue du Faubourg-Montmartre, le Palace aimante une jeunesse qui veut faire la fête sous le septennat giscardien. Jenny Bel'Air se tient à l'entrée et décide de ceux et celles qui pourront rejoindre le clan des noctambules : « Si tu étais prétentieux, tu ne rentrais pas. Si tu étais con, tu ne rentrais pas. Si tu n'avais pas envie de faire la fête, tu ne rentrais pas. Mais si tu avais envie de tout faire à la fois, baskets ou pas baskets, tu rentrais. Fallait être intelligent[1]. » Près du bar, Jacques drague des garçons. Diane de Beauvau-Craon chaloupe sur du disco : « Le Palace, c'était

1. Entretien avec l'auteur.

merveilleux. Évidemment, on y buvait trop, on se droguait trop, on couchait trop, mais on ne faisait de mal à personne, sauf éventuellement à nous-mêmes[1]. » Lagerfeld, lui, éventail en main, ne fait que passer. « Comme tous les autres stylistes et couturiers de sa génération, il avait son émissaire qui sortait tous les soirs jusqu'à pas d'heure... C'était Jacques de Bascher, tout comme Kenzo avait Xavier de Castella, Yves Saint Laurent, Loulou et Joël Le Bon [...]. Eux étaient très au fait de tout ce que la vie nocturne, à l'époque, apportait comme nouvelles informations en matière de style et d'évolution des comportements[2] », raconte la grande figure de la nuit parisienne, Paquita Paquin. Si ses apparitions ressemblent à des miracles, c'est pourtant bien lui qui organise ici des fêtes mémorables, comme ce bal costumé imaginé par Jacques, dans la tradition des grands bals vénitiens. Christian Dumais-Lvowski n'a pas oublié son nom : « Il s'intitulait *De la cité des Doges à la cité des dieux*. L'un des cartons d'invitation

1. Entretien avec l'auteur.
2. Entretien avec l'auteur.

représentait un loup en papier glacé noir avec des cordons de soie. Karl portait un tricorne très Casanova, et Jacques avait pour coiffure une maquette très encombrante du pont du Rialto[1]. » Jenny Bel'Air arrive en gondole portée par des pompiers de Paris, torse nu. Vincent Darré s'était déguisé en bourreau : « On avait volé une caisse de costumes de théâtre avec Christian Louboutin et on s'était tout partagé. Tout le monde savait qu'une fête donnée par Karl, ça allait être extraordinaire[2]. »

Karl s'amuse, sans perdre la tête, bien sûr, une seule seconde. Surtout, il observe l'époque. L'arrivée de nouveaux couturiers, Claude Montana, Thierry Mugler, Jean-Paul Gaultier, et leur influence sur la jeunesse. Quelque chose est en train de changer. Ce soir-là, Jenny perce la noirceur des verres du couturier : « Les yeux de Karl regardant toute cette masse habillée… Les couleurs, cet assemblage. Tout était histoire d'alchimie. Des chaussures jusqu'à la coiffure… Les *make-ups*… Tout était bien ordonné.

1. Entretien avec l'auteur.
2. Entretien avec l'auteur.

L'excentricité était autorisée[1]. » Elle comprend alors qu'il se passe quelque chose dans la tête du couturier.

« Quoi ? Chanel ! »

L'assistant de Karl, Hervé Léger, n'en revient pas. Jusqu'alors, il avait gardé le secret. Lagerfeld vient de lui annoncer qu'il acceptait de reprendre la maison de luxe endormie. « Chanel à l'époque était un peu en arrêt sur image, explique Hervé Léger. Mademoiselle Chanel était morte depuis plus de dix ans, et je ne comprenais pas ce qu'on pouvait en faire[2]. » Il n'est pas le seul. Dans le monde de la mode, personne ne s'aventurerait à relever un tel pari. Et, s'il devait y avoir un héritier, Yves Saint Laurent serait le mieux placé. Dans un entretien télévisé qu'elle accorde à son confident, Jacques Chazot, quelque temps avant sa mort, Mademoiselle l'avait désigné à demi-mot. « Plus il copiera Chanel, plus il aura de succès. Parce que j'ai besoin d'être remplacée

---

1. Entretien avec l'auteur.

2. *Un jour, un destin : Karl Lagerfeld, être et paraître*, *op. cit.*

un jour, et si je vois quelqu'un qui copie, ça veut dire… Vous comprenez, dans la copie, il y a de l'amour[1] ! »

Mais ce n'est pas tant la question de l'héritage que celle de la réincarnation qui semblait en réalité se poser pour elle. « […] Je ferai une très mauvaise morte, car une fois dessous, je m'agiterai, je ne penserai qu'à retourner sur la terre et recommencer[2]. » Est-ce Karl qu'elle a finalement choisi pour revenir sur le devant de la scène ?

Yves se souciait trop de sa gloire personnelle. La famille Wertheimer, propriétaire de la marque, cherchait ailleurs celui ou celle qui pourrait s'inscrire dans la lignée de la grande dame. Au début des années quatre-vingt, Karl est auréolé de ses succès chez Chloé, Fendi et toutes les autres marques pour lesquelles il œuvre à travers le monde. Il a une réputation de travailleur acharné. Il dort peu, se lève vers cinq heures, dessine, sans arrêt. Il prend un avion, débarque à Milan, avant de repartir quelques heures plus tard. Au pas-

1. « Mode Chanel », journal télévisé de 20 heures, Isis Lamy et Jacques Chazot, ORTF, 22 juillet 1970.

2. Paul Morand, *L'Allure de Chanel*, Folio, 2009.

sage, il a validé toute la collection et inventé de nouvelles robes. « Je l'ai vu un jour déguster un plat de raviolis et demander une paire de ciseaux cranteurs, un morceau de fourrure… Et tac tac tac, il a découpé des raviolis en fourrure ! On les a cousus sur un manteau, c'était un manteau avec des raviolis de fourrure, et ça marchait. Et tout était comme ça[1] », s'amuse Hervé Léger. Ce travail de « mercenaire » de luxe lui permet de virevolter d'une maison à l'autre, d'une idée à l'autre, sans jamais mélanger ni affadir les influences. En plus d'avoir une idée à la seconde, Karl est réputé pour ne pas vampiriser les marques à son avantage. Il respecte leur histoire, leur identité, leurs codes, avant de leur rendre l'éclat de la modernité.

Karl Lagerfeld n'a jamais rencontré Coco Chanel, mais il a dû croiser son esprit au Ritz. Il doit aimer sa personnalité et ses créations. C'est en tout cas ce que le Tout-Paris pense alors. En coulisses, son amie Victoire Doutreleau n'a pas hésité à vanter les mérites de son ami. « Je connaissais Jacques Wertheimer, il m'avait demandé mon avis. J'avais répondu : “Je trouve

1. Entretien avec l'auteur.

Karl absolument fabuleux." Il était parfait parce qu'il était capable de se mettre en retrait de lui-même, de dessiner des tables, des fauteuils, tout ! Et bien sûr Chanel[1] ! » Voilà l'équilibre cherché par les Wertheimer. Karl est approché. Les propriétaires sont à deux doigts de vendre. Ils n'ont rien à perdre et garantissent une liberté totale au couturier, qui accepte immédiatement, impatient de dessiner la prochaine collection, printemps-été 1983.

Sa méthode ne change pas : avant de s'atteler au travail, il veut maîtriser son sujet. « Il fallait une connaissance encyclopédique de la maison, comprendre l'importance de Mademoiselle Chanel dans la mode française, et la réactualiser, avancer, plaire, replaire[2] », déclare Hervé Léger. Le couturier connaît bien la saga Chanel, mais veut l'approfondir en se plongeant dans ses racines. Problème, les archives n'ont pas été conservées. D'après Léger, « il a lui-même acheté ou fait acheter aux puces des vieux magazines. Des tonnes et des tonnes de vieux journaux, en plusieurs exem-

1. Entretien avec l'auteur.

2. Entretien avec l'auteur.

plaires[1]. » « Quand quelque chose l'intéressait, il arrachait la page. Il en faisait des albums, qui étaient une base d'inspiration. Un vrai moteur de recherche à lui tout seul : Google avant Google[2] ».

Les livres s'empilent. Karl les regarde, s'inspire, découpe, tri, ordonne, contemple, pense à Chanel. Après la théorie, la pratique. Le soir, il se rend au Palace. Toujours vérifier, détailler à nouveau la matière vivante. Ces filles qui se déhanchent... Elles ont acheté de vieilles vestes aux puces et les portent avec des jeans... Alors que les nuits de fête semblent éternelles, il rentre et travaille encore.

Durant son sommeil, Coco lui apparaît peut-être en rêve. Elle vient lui parler, lui souffle des lignes, des matières. « Tout ce que j'ai fait de bien dans ma vie, je l'ai vu en dormant. C'est pour cette raison que j'ai toujours un bloc à dessin à côté de mon lit[3]. » Il dessine méticuleusement, les songes se mêlent aux visions du Palace

---

1. *Un jour, un destin : Karl Lagerfeld, être et paraître*, *op. cit.*

2. Entretien avec l'auteur.

3. Jean-Christophe Napias et Patrick Mauriès, *Le Monde selon Karl*, *op. cit.*

et aux références puisées dans les magazines et les livres. Les dessins s'accumulent sur son bureau, traçant les contours de sa première collection, qui, à l'époque, ne se nomme pas encore « prêt-à-porter » mais « boutique ». Réussira-t-il ce que personne n'a encore réussi depuis dix ans ? Est-ce lui, le digne héritier ? Ou plutôt l'acteur qui pourra incarner le rôle ?

Encore sous contrat avec Chloé, il ne peut travailler officiellement pour Chanel. Il va donc tirer les ficelles dans l'ombre. Il appelle Hervé Léger et lui demande de venir chercher ses premiers dessins. Son assistant prend les feuilles A4 siglées Chanel. Les traits noirs recouverts de couleurs vives faites au feutre lui sautent aux yeux : « Je me suis dit : "On ne va pas s'ennuyer, là ! On va bien s'amuser !" Le tailleur Chanel était extrêmement bourgeois et classique à l'époque, et, là, ce n'était pas du tout ça[1]. » Passé cette première surprise, un rituel se met en place entre les deux hommes : « J'allais chez Karl le soir. Il me donnait des croquis, je les apportais chez Chanel, je faisais faire les modèles dans les ateliers – j'avais le droit

1. Entretien avec l'auteur.

de dessiner aussi un peu –, je prenais des photos et je lui montrais ce qu'on faisait. On mettait des épaulettes dans les vestes. Il n'y avait jamais eu d'épaulettes dans les vestes… On raccourcissait les jupes, on faisait des chaussures avec des talons de 9 centimètres. Je me rappelle : 9 centimètres… Aujourd'hui, c'est des chaussures plates, mais à l'époque, c'était vertigineux[1] ! » « Et des tonnes de bijoux, des filles sexy, ce qui n'était pas du tout Chanel[2]. »

C'est rock, punk, boîte de nuit. Dans le plus grand secret, Karl est en train de dynamiter Coco. Mais le couturier veut contrôler, vérifier par lui-même que tout se passe bien.

Alors, certaines nuits, il longe les murs de la rue Cambon et pénètre en secret, au 31, dans la maison endormie. Coco Chanel, à travers lui, rentre chez elle. Cachée pendant les défilés sur les dernières marches de l'escalier, elle observait. Sa silhouette se reflétait à l'infini dans les miroirs brisés. Elle regagnait ensuite le silence feutré de

1. Entretien avec l'auteur.

2. *Un jour, un destin : Karl Lagerfeld, être et paraître*, *op. cit.*

ses appartements privés, entourée des laques de Chine, de la bibliothèque et du canapé beige. Elle s'approchait alors de la fenêtre et regardait la rue Cambon.

Karl a encore du travail avant de pouvoir rêver.

S'il ne doit pas se montrer, le monde de la mode n'ignore pas que Lagerfeld se cache derrière la prochaine collection Chanel. On l'attend au tournant. Comme la journaliste Janie Samet, beaucoup doutent que le couturier allemand puisse rallumer la flamme du mythe français : « Quand on a appris que Karl Lagerfeld allait reprendre Chanel, on était tous dans l'expectative, c'était une drôle d'idée[1]... » « On était sûr qu'il allait tuer l'image de Chanel[2]. »

Ce 18 octobre 1982, sous les tentes installées dans la Cour carrée du Louvre, la presse attend, murmure, impatiente de découvrir ce que le couturier a imaginé. Les cent vingt-deux modèles défilent enfin : jupes courtes, cheveux en bataille.

1. Entretien avec l'auteur.

2. *Un jour, un destin : Karl Lagerfeld, être et paraître*, *op. cit.*

Karl guette les réactions. À la fin du défilé, il ne peut pas venir saluer. Il s'éclipse.

« La première collection, ça a été un scandale, se souvient Hervé Léger. Les gens disaient : "On ne va pas chez Chanel pour voir ça." Tout le monde s'attendait à quelque chose de très classique, mais il avait brisé les codes[1]. » Le lendemain de la présentation, la journaliste du *Herald Tribune*, Hebe Dorsey, se fait l'écho de ces réactions violentes : « C'est une bonne chose que Coco Chanel soit morte, parce qu'elle n'aurait pas compris[2]. » L'actrice Marie-Josée Nat qui vient d'assister au défilé ne s'en est pas toujours pas remise : « Ce n'est pas pour ça que je viens chez Chanel[3]. » Un autre observateur se morfond, en deuil ; c'est la fin d'un monde : « Chanel, c'était la France[4] ! » Les États-Unis applaudissent le style audacieux, mais l'Europe boude, s'émeut, déplore la disparition de Coco derrière les chaînes, les perles, les couleurs vives.

---

1. Entretien avec l'auteur.

2. Hebe Dorsey, « Chanel Goes Sexy », *International Herald Tribune*, 19 octobre 1982.

3. *Ibid.*

4. *Ibid.*

Lagerfeld, lui, a réussi son coup. « Rien de mieux qu'un scandale pour faire revivre une maison. Il était aux anges[1] », assure Hervé Léger. Dans la presse, son nom n'est pas directement lié à la collection. Son absence physique renforce son aura.

Après ce coup médiatique, la collection officielle, la couture, est présentée le 25 janvier 1983, à quinze heures, dans les salons de la rue Cambon. Elle est plus sage, plus classique et, sans avoir perdu l'énergie de la nouveauté, remporte tous les suffrages. L'emballement est immédiat. « Du jour au lendemain, on avait toutes envie d'être habillées en Chanel, alors que, six mois avant, pour rien au monde on aurait porté du Chanel[2] », se rappelle Janie Samet. Cette collection date l'entrée officielle de Karl chez Chanel, et le début d'une des plus longues collaborations de l'histoire de la mode, avec Fendi, entre une marque et son directeur artistique.

La collection couture finit par faire oublier la toute première, celle des véritables débuts de Karl

1. Entretien avec l'auteur.
2. Entretien avec l'auteur.

chez Chanel, dont il existe très peu de photos et de documents. La maison elle-même semble l'avoir précipitée aux oubliettes. C'est pourtant la plus représentative du travail que le couturier poursuivra pendant plus de trente ans. Cette manière de sentir l'époque et de la mélanger avec audace à l'identité de la marque sera à l'origine de l'envol des ventes, d'un succès qui finira par s'imposer, inspiré selon le créateur par la littérature, et cette devise qui ne le quitte jamais : « J'essaie de faire évoluer le style Chanel en pensant à la phrase de Goethe : faire un meilleur avenir avec les éléments du passé[1]. »

En ce tout début des années quatre-vingt, il lui faut quelqu'un pour incarner sa vision de la marque.

---

1. Jean-Christophe Napias et Patrick Mauriès, *Le Monde selon Karl*, *op. cit.*

La Parisienne

Cheveux courts et bruns, lèvres subtilement dessinées, Inès de la Fressange arrive rue Cambon d'un pas élancé. Elle pousse la porte du studio, sur laquelle l'inscription « Mademoiselle, privé » a été conservée. Karl l'attendait. Elle se dirige vers le grand bureau où sont posés un flacon géant de *N° 5*, un agenda, des crayons verts. Dos aux fenêtres, le créateur dessine. Lunettes teintées, cheveux gris et catogan, cravate bleue, veste noire, fleur blanche à la boutonnière. Des assistants tournent autour de lui. « C'était un danger public, raconte en souriant Hervé Léger. Il donnait un paquet de croquis à réaliser… et créait de nouveaux modèles à mesure de l'essayage. Il était capable de donner des instructions à la première d'atelier, de parler avec un journaliste, tout en continuant de dessiner[1]. »

La jeune fille se penche et l'embrasse.

– Bonjour Miss Inès.

En ce mannequin de vingt-six ans, Karl a trouvé davantage qu'une muse : une incarnation de son mythe personnel de Paris, de la femme et de Chanel. Tout un univers dans un corps, une allure, un esprit. Il aime son chic naturel, sa volubilité, sa liberté. « Elle était le premier mannequin à faire éclater le corset de la bienséance. Elle défilait, elle prenait sa veste, la retirait, la jetait dans le public. Elle avait ce talent d'exister[2] », remarque Janie Samet. Inès aime rappeler à la presse que Gabrielle Chanel voulait engager sa mère, à la condition qu'elle coupe ses cheveux longs, ce qu'elle avait refusé. Pour Karl, c'est une évidence : « Inès est une idée Chanel tout court [...]. De toute façon, je n'ai pas trouvé mieux. En fait, je n'ai pas cherché. Je n'avais pas le choix, il n'y en avait pas d'autre[3]. »

1. Entretien avec l'auteur.
2. Entretien avec l'auteur.
3. Gaumont Pathé archives, 25 octobre 1984.

Comme d'habitude, il parle vite. Un staccato. Inès fume dans un coin, derrière lui. Elle regarde des photos de mannequins avec le couturier. Karl lâche : « Elle est bien foutue, mais je n'aime pas ses jambes. » On entend aussi un : « Rigolote[1] ! » Et : « J'adore les petites femmes très agressives comme ça, je trouve ça très amusant[2]. »

Au boulot ! Il se lève et se dirige vers la partie du studio où se trouvent de grands rouleaux colorés. Il saisit un grand morceau de tissu rose qu'on lui tend, le plie, puis l'enroule sur le mannequin, qui cache ses seins avec ses mains. Il demande sans regarder personne s'il n'y a pas un rose encore plus pâle. On le lui apporte, mais la couleur lui semble trop pâle, lui préférant une teinte plus mandarine. Il continue de draper, réfléchit. « Non, ça, ça fait sale, hein[3]... » Parfois, Inès donne des idées. Les assistants regardent. Il tourne autour d'elle en parlant. Karl dessine, puis réalise directement sur le mannequin son idée. Inès de la Fressange lui est devenue essentielle :

1. *Ibid.*
2. *Ibid.*
3. *Ibid.*

Karl a « besoin, pour y voir clair, de voir les choses sur Inès[1] ».

En offrant au mannequin un contrat d'exclusivité avec la maison – une première –, il va faire de la jeune femme une star, l'incarnation du nouveau Chanel, du féminin français. Parfois, elle présente la quasi-totalité des tenues du défilé : « Je passais pratiquement après moi-même. J'avais une vingtaine de vêtements à porter [...], une minute, à peu près, pour me changer. Pour bien montrer que j'étais presque la cliente type, en fait, plus qu'un mannequin[2]. »

Cette collaboration fructueuse prend brusquement fin au bout de six ans. « Inès a beaucoup souffert sous Karl. [...] Des heures d'attente à ne rien faire. Jusqu'au jour où elle a rencontré un monsieur qui lui a dit : “J'en ai marre que tu

1. Guillemette de Sairigné, « Style : le prince Karl », article cité.

2. « 1983 : Inès de la Fressange devient l'égérie exclusive de la maison Chanel », *Moment fort de mode*, Fashion network, 13 août 2014.

rentres à la maison à trois heures du matin[1]." », raconte Janie Samet. C'est sans doute un peu vite résumé. Mais peut-être pas totalement faux. Karl ne supporte pas d'être quitté par ceux qui l'entourent. Officiellement, il n'apprécie pas qu'Inès ait été choisie en 1989 comme modèle du buste de Marianne qui trônera dans les mairies de France. Et il n'est pas tendre : « Aujourd'hui le chapitre est clos. Je n'habille pas les monuments classés[2]. »

Elle lui répond du tac au tac : « Tu crois que le catogan ne va pas rentrer dans le bonnet phrygien[3] ? » La réplique à la Arletty scelle le divorce, le contrat est rompu. « Si elle doit défiler, elle défilera. Mais je n'ai plus l'intention de travailler avec elle. C'est simple : elle ne m'inspire plus[4]. »

D'autres muses suivront, sans cesse renouvelées. Karl sera à nouveau quitté, et l'histoire recommencera. En tout cas, la page est tournée pour Inès : « C'est moi qui l'ai faite. Sans moi, elle

---

1. Entretien avec l'auteur.

2. Marie-Amélie Lombard, « Karl Lagerfeld : ce que je pense d'Inès », *Le Figaro*, s.d.

3. Serge Raffy, « Karl le téméraire », article cité.

4. Marie-Amélie Lombard, « Karl Lagerfeld : ce que je pense d'Inès », article cité.

continuerait comme les autres à courir les séances photo avec un book sous le bras. Elle est très belle mais pas photogénique. Maintenant on cherche des mannequins plus sexy. Les studios sont remplis de filles très drôles et ravissantes[1]. » Une fois encore, il ne se retournera pas.

1. *Ibid.*

Au centre du tableau

Les bruits de la rue s'estompent. Les invités retiennent leur souffle lorsqu'ils pénètrent rue de l'Université. Les voilà projetés deux cents ans en arrière. Ne manquent que les costumes et les équipages d'époque. La cour, l'immense entrée, la cage d'escalier, les pièces qui se succèdent… « C'était assez rare. Comme on sait, il y a beaucoup d'hôtels particuliers dans Paris. Certains sont utilisés par des ministères, d'autres meublés d'une manière plus ou moins appropriée, voire agressive, mais chez Karl tout était parfait. L'alliance d'un très grand décor, avec de beaux objets et de beaux meubles[1] », commente Bertrand du Vignaud.

1. Entretien avec l'auteur.

Ce soir, Lagerfeld reçoit chez lui. Il semble affectionner ces dîners somptueux où toute la haute société parisienne se retrouve autour d'immenses tables magnifiquement décorées, à mille lieues de l'esthétique pop de ce milieu des années quatre-vingt. Sous son costume sombre, acheté avec Jacques chez Caraceni à Milan, il porte une cravate et une chemise à rayures.

Avant le dîner, le couturier distribue quelques livres à ses amis. « Il essayait toujours de faire partager son amour pour le XVIIIe. Il m'avait offert un ouvrage sur les marchands merciers, écrit par un conservateur anglais, Carolyn Sargentson, et un recueil de romans de la comédienne et romancière Madame Riccoboni[1] », se rappelle Daniel Alcouffe. La table a été dressée. Nappe blanche, verres en cristal, argenterie. Karl a pensé les bouquets de fleurs et dessiné le centre de table. À sa gauche, Anna Piaggi, l'amie. En face de lui, Jacques de Bascher. Autour d'eux, une sélection des gens d'influence, issus du cercle des élus : rédactrices, journalistes, photographes qui relayent la mode. Un coude posé sur la table,

1. Entretien avec l'auteur.

le pouce sur son menton, Karl, comme figé dans une pose éternelle, semble ailleurs. Bertrand du Vignaud imagine qu'« il y avait des moments où il devait se dire : "Le XVIIIe m'entoure, les personnes qui sont autour de moi rentrent dans ce jeu. Je suis le personnage d'un tableau. Et peut-être même le roi Frédéric II dans le tableau de Menzel[1] ».

Les conciliabules s'engagent aux lueurs des bougies qui se reflètent dans les hauts miroirs. Une porte, restée ouverte, laisse imaginer les autres pièces, pour l'instant plongées dans l'obscurité. Dans l'une d'elles se tient cette fameuse toile. Elle n'a pas été accrochée au mur. Elle est posée au sol. « Ce tableau, étant lui-même la reproduction d'une toile disparue, était considéré certes comme un talisman très intime à l'iconographie très inspirante, mais en rien comme une œuvre d'art, et sa place dans les maisons était toujours discrète[2] », déclare Patrick Hourcade. Le tableau tant aimé, source d'inspiration de toute une vie, n'est pas tombé en disgrâce. Mais il a été dépassé par la

1. Entretien avec l'auteur.
2. Entretien avec l'auteur.

vie même. Par sa propre réalisation, déclinable à l'envi.

La passion du couturier pour le siècle des Lumières le conduit à participer financièrement à la restauration du patrimoine français. Certains soirs, il réunit dans son salon un cercle d'initiés, quelques spécialistes de la période. Parmi eux, Bertrand du Vignaud : « Grâce à la générosité de Karl, et à l'initiative de Laure de Beauvau-Craon, nous avions créé un prix pour restaurer des monuments privés dans le cadre de la Demeure historique, présidée à l'époque par Henri-François de Breteuil. On examinait des châteaux susceptibles de bénéficier de la générosité de Karl. On votait pour la demeure dont le projet de restauration nous paraissait le plus rigoureux[1]. » Les rideaux sont tirés. À la lueur d'autres bougies, les dossiers des candidats circulent en silence de mains en mains. Le garçon qui agençait dans sa tête, alors que la guerre faisait rage, un monde idéal fait de rois et de princesses, n'a pas changé. Il trône toujours au milieu de figurants qui acceptent

1. Entretien avec l'auteur.

de jouer le jeu. « On retrouvait l'ambiance du tableau de Menzel, se souvient Daniel Alcouffe. Je pense que c'était ce qu'il voulait et nous nous y prêtions volontiers[1]. » Mais le jeu va bientôt devoir affronter d'autres morsures de la réalité.

1. Entretien avec l'auteur.

La fin d'une époque

Postée en vigie à l'entrée du Palace, Jenny Bel'Air ne rate rien des tendances, des mouvements d'humeur et d'ambiance. Elle a compris. Les gens qui sortaient tous les soirs, s'habillaient prestement dans des voitures garées dans les rues adjacentes, commencent à rester chez eux. Ils dorment, regardent la télévision ou vont s'amuser ailleurs. À l'intérieur du club, l'ouverture du Privilège, le restaurant en sous-sol du Palace, a scindé le monde en deux. Fini le mélange des genres. Les clients en haut, les stars en bas. Quelque chose est en train de céder, de se rompre. Comme si la limite avait été atteinte et que plus rien ne pourrait être plus beau ou plus totalement fou désormais. « Le lieu se vidait. On sentait que tout le monde était crevé. On sentait des rumeurs. On sentait la mort, dans un sens[1] », conclut-elle.

Les milieux de la mode et de la nuit sont les premières victimes d'un mal auquel personne ne veut croire. Mais l'évidence s'impose. Le sida emporte de plus en plus d'amis, de connaissances, de collègues. Chacun raye sur son carnet d'adresses des noms, des dates d'anniversaire. On se donne rendez-vous demain, au prochain enterrement. Comme beaucoup, Kenzo Takada est dévasté : « À partir de 1986, 1987, les gens commençaient à mourir. C'était une époque horrible. Tout le monde était terrorisé. J'ai perdu presque la moitié de mes amis[2]. » Karl est tout autant terrifié devant ces disparitions qui s'accumulent. Il est peut-être bon, parfois, de savoir détourner le regard.

Ce jour-là, Lagerfeld porte une cravate à motifs beiges et une chemise rose. La blancheur du col droit s'accorde à la pochette de son costume croisé. Ses cheveux se sont argentés. Accoudé sur

1. Entretien avec l'auteur.
2. Entretien avec l'auteur.

le balcon qui domine la mer, il regarde l'horizon. La vue est à couper le souffle. Parfois, très tôt, les matins d'été, il peut apercevoir les rivages de la Corse. À sa droite, le rocher de Monaco, la cathédrale Notre-Dame-Immaculée et le Palais. Conseillé par le prince Albert, qui l'a encouragé à devenir citoyen monégasque après l'arrivée au pouvoir de François Mitterrand en 1981, le couturier a trouvé un appartement au sommet d'une tour dont la construction vient de s'achever, le Roccabella. À Paris, il vit dans les moulures, les dorures ; ici, les murs sont gris et les meubles ultra-modernes signés du grand mouvement de design et d'architecture Memphis, qui vient d'éclore à Milan. « Dans cet immeuble moderne, je ne voyais pas ce que je pourrais faire d'autre [...]. J'ai eu le coup de foudre, je me suis dit : "Ce sont les meubles absolument parfaits pour cet endroit." C'est gai, ça va avec la mer, et tous les meubles ont des noms de lieux au bord de la mer : Negresco, Miami Beach[1]... »

1. « Portrait », Jean-Louis Pinte, Stefan Zapasnik, réalisé par Pierre Sisser, produit par Denys Limon et Claude Deflandre, FR3, 23 janvier 1987.

Lagerfeld a trouvé l'adéquation parfaite entre l'intérieur et l'extérieur. Au milieu du salon trône un ring de boxe stylisé. La décoration de l'appartement, avec ses couleurs primaires, ses compositions de formes carrées et rondes, caractérise l'identité du mouvement italien. « Karl savait parfaitement extraire la quintessence d'un style et en produire une image iconique. L'appartement de la place Saint-Sulpice, l'hôtel de Soyecourt, l'appartement Memphis à Monte-Carlo, autant de manifestes de styles[1] », résume Patrick Hourcade.

Une équipe de télévision est venue filmer le nouveau projet du créateur. Le rendez-vous est pris au-dessus de Roquebrune-Cap-Martin, où se dresse une superbe villa blanche de 600 mètres carrés, construite à la fin du XIXe siècle par un lord anglais. Karl Lagerfeld l'a repérée depuis longtemps. Son rêve était de l'habiter, il va le réaliser, investir cette demeure étrangement fermée depuis tant d'années. « Elle avait une espèce de réputation de maison mystérieuse à

1. Entretien avec l'auteur.

cause de ça, parce qu'en fait personne ne savait exactement ce qu'il s'y passait. Ça veut dire qu'il ne s'y passait rien, d'ailleurs[1] », ironise Karl. Pourtant, des fantômes la hantent. Comme celui de Daisy de Pless, qui l'habita avant la guerre de 1914. « C'était une Anglaise de la bonne société édouardienne qui avait épousé un prince allemand richissime, et dont Karl m'avait fait connaître la personnalité, raconte Bertrand du Vignaud. Pour lui, elle symbolisait l'élégance absolue de la Côte d'Azur à la Belle Époque. Il possédait son portrait par Helleu[2]. » Lagerfeld découvre que Daisy de Pless a laissé des journaux. D'autres figures féminines mondaines incarnant la Belle Époque l'inspirent, telles l'écrivain et journaliste Daisy Fellowes ou l'actrice et architecte Lady Mendl, qu'il considère comme des égéries. Il aime rapporter l'anecdote où cette dernière, en arrivant devant l'Acropole à Athènes, se serait écriée : « *Oh, beige, my color* ! »

1. « Portrait », Jean-Louis Pinte, Stefan Zapasnik, réalisé par Pierre Sisser, *op. cit.*

2. Entretien avec l'auteur.

Les travaux ont commencé dans la villa. « Il y avait des problèmes dans cette maison, se rappelle Patrick Hourcade. Il a fallu faire trois essais pour réaliser un escalier à peu près cohérent avec la volumétrie de l'espace dévolu à celui-ci. Comme le trop grand volume inconfortable du salon déplaisait à Karl, j'ai dû aménager des colonnes pour séquencer le lieu. Tous ces problèmes architecturaux qui exigeaient des solutions fortes le passionnaient[1]. » Le couturier déambule entre les pots de peinture... Une habitude. « J'adore les chantiers, moi. J'aime mieux l'idée que je me fais des choses que leur achèvement. Ce que j'aime, c'est faire pour faire. Comme les collections, c'est pareil. Je fais des collections et je fais collection de maisons[2]. » Construire, encore et toujours, cela évite de voir le temps à l'œuvre.

La Vigie sera donc le lieu d'un nouvel univers de beauté. La perspective d'un autre monde enchanté, que le créateur aurait aimé connaître. « Il s'était plu à reconstituer l'atmosphère de la Côte

1. Entretien avec l'auteur.

2. « Portrait », Jean-Louis Pinte, Stefan Zapasnik, réalisé par Pierre Sisser, *op. cit.*

d'Azur des années 1900-1920, précise Bertrand du Vignaud. Pas celle des maillots de bain et des ambres solaires, mais une Côte d'Azur que l'on fréquentait en panamas et robes élégantes, principalement l'hiver[1]. » Entre les rideaux, les tissus, le mobilier confortable et les boiseries, planent bientôt à nouveau, au crépuscule, les ombres de la princesse Daisy et de Gatsby le Magnifique. Là encore, Jacques y possède bien entendu sa chambre, décorée en style néo-gothique.

Sur les images filmées, le couturier est monté à l'arrière de sa Rolls blanche. Derrière ses lunettes fumées, il regarde défiler les rues de la principauté. On l'imagine ici comme chez lui. Sa fascination pour les princesses est comblée par l'amitié qui l'unit à la famille princière Grimaldi, particulièrement à Caroline. Dans l'avion qui le ramène à Paris, il sort un épais cahier rectangulaire bleu et noir et se met à dessiner. Une sorte de *scrapbook* qu'il appelle son « journal optique ». Il se compose de dizaines de photos, de cartes de visite découpées, de numéros de téléphone coloriés. « Il

1. Entretien avec l'auteur.

y a tout là-dedans. L'état de mes chantiers, des trucs de collection [...], des [photos] de mes voitures pour me rappeler [leurs] numéros [...], des choses comme ça[1]... »

Construire sans fin, mais aussi fixer les choses, de peur de les perdre.

1. « Portrait », Jean-Louis Pinte, Stefan Zapasnik, réalisé par Pierre Sisser, *op. cit.*

Très haut amour

Aussitôt arrivé à Paris, Karl se rend au studio de la rue Cambon. Le temps de jeter un œil sur quelques modèles, de donner des indications, et il repart vers les Champs-Élysées, au siège de *Karl Lagerfeld*, la marque qu'il a créée en 1984. Comme s'il fuyait son identité, il aura mis longtemps avant de se décider à faire de son nom une enseigne, à l'inscrire sur un vêtement. Sur les Champs, il retrouve un autre studio, et sa chère Anita Briey, la couturière rencontrée chez Chloé qui ne le quitte plus, attentive à ses moindres interventions sur les vêtements. Il glisse facilement parmi ses univers, oubliant l'un en entrant dans l'autre. « J'ai une espèce d'amnésie pour ça, c'est très étrange. Vous me demandez dans mes bureaux de Chanel une chose sur KL, je ne peux pas vous répondre. Chez KL, vous voulez savoir une chose sur Chanel, je ne sais pas[1]. »

Lagerfeld ne prononce pas son nom, il l'initialise, KL. Posséder sa propre maison de couture ne représente toujours pas le but de sa carrière. Sa propre marque n'en est qu'une parmi les autres pour lesquelles il travaille. Chez KL, les gestes peuvent dès lors être les mêmes que chez Chanel ou Fendi. Même exigence, mêmes assistants dévoués qui virevoltent autour de lui. Il pointe un feutre noir sur la tenue blanche du mannequin : « Celui-là, j'aimerais qu'il soit droit, en faisant l'angle comme ça, ce sera beaucoup plus facile[2] », indique-t-il à Anita, qui acquiesce : « Très bien, Karl. »

Lorsque tout le monde est parti, il arrive à Karl Lagerfeld de s'attarder quelques instants sur le balcon qui surplombe l'avenue des

---

1. Journal de 13 heures, William Leymergie et Patricia Charnelet, Antenne 2, 18 mars 1988.

2. « Portrait », Jean-Louis Pinte, Stefan Zapasnik, réalisé par Pierre Sisser, *op. cit.*

Champs-Élysées. Quand la nuit est tombée et que le temps semble suspendu.

À ses multiples activités, le couturier vient d'en ajouter une autre, peut-être pour lui une des plus essentielles : la photographie. Il réalise à présent lui-même les dossiers de presse de Chanel, met en scène les campagnes de publicité. Il pose également devant son objectif, qu'il déclenche à distance. Sur ses autoportraits, la pose est hiératique. Jacques est devenu un autre sujet récurrent. Pourquoi ce besoin de retenir l'instant ? Serait-il une parade pour oublier l'imminence d'un drame ?

Le bureau du créateur est parsemé de photos de Jacques. L'un des clichés a été pris par son ami et voisin à Monaco, Helmut Newton. Karl y tient un éventail et, comme Jacques, porte un costume clair. Son compagnon semble vulnérable. Une autre image : Jacques posant sur la terrasse de son nouvel appartement, rue de Rivoli. Il regarde l'objectif. Karl est là aussi, juste derrière lui, mais de dos. On ne distingue que sa veste, les branches de ses lunettes et son catogan.

Que de constance dans leur relation depuis leur rencontre seize ans plus tôt. Karl a toujours soutenu Jacques. Moralement, financièrement. Il l'a habillé, nourri, logé. Il a payé les fêtes, admis ses écarts, organisé cette lubie parmi d'autres : ses fiançailles à Rome avec Diane de Beauvau-Craon. « J'étais tombée amoureuse de Jacques, il était tombé amoureux de moi, et Karl trouvait que c'était très joli, se souvient-elle. Il méprisait la jalousie. Il a parfaitement su composer avec les deux tourtereaux un peu indisciplinés et très foufous que nous étions. Deux petits démons qui trouvaient qu'il n'y avait rien de plus drôle dans la vie que de repousser les limites. Le pauvre a été admirable dans cette affaire[1]. » La fête des fiançailles avait été sublime. Ensuite, Diane était venue habiter dans l'appartement de la place Saint-Sulpice que Karl avait laissé à Jacques. Jusqu'à ce que l'histoire ne fasse plus rire personne. « Il fallait arrêter de jouer[2] », conclut-elle. Arrêter de faire semblant, pour le bien de tous.

1. Entretien avec l'auteur.

2. Entretien avec l'auteur.

Jacques de Bascher promène sa mélancolie sous les arcades balzaciennes de la rue de Rivoli. Il revient de New York, d'où il a rapporté plusieurs musiques qui seront formidables pour les prochains défilés de Karl. Il rentre dans l'appartement que ce dernier loue pour lui, au-dessus des Tuileries. Il parcourt le long couloir de l'entrée, où s'alignent plusieurs bustes qu'il a fait fabriquer chez un décorateur de cinéma. Tous à son image. Il se regarde dans le miroir, sans vraiment se reconnaître.

Puis il file en voiture voir sa mère Armelle au château familial de la Berrière, près de Nantes. Thomas de Bascher est heureux à la perspective de retrouver cet oncle qu'il voyait alors en héros : « Un jour que je m'ennuyais avec mes cousins, se souvient-il, Jacques nous avait téléphoné de Paris en nous disant : “Vous n'avez qu'à jouer au poker !” On était petits, on lui avait répondu qu'on ne savait pas jouer au poker[1]... » Quelques heures plus tard, la sonnerie avait retenti à nouveau. « Soyez dans vingt minutes dans la cour d'honneur et regardez en l'air ! » avait ordonné

1. Entretien avec l'auteur.

Jacques. À l'heure dite, le biplan de la Première Guerre mondiale loué à Nantes avait déchiré le ciel, avant de faire un piqué au-dessus de la tête des quatre cousins, sous une pluie de cartes à jouer. « Il avait atterri dans un champ juste derrière, habillé en Antoine de Saint-Exupéry, avec un bonnet en cuir, une écharpe blanche et une mallette de jetons de casino. Il avait passé l'après-midi avec nous, à nous apprendre à jouer au poker[1] », se souvient son neveu, encore émerveillé.

Ce jour-là, une fois arrivé au château de la Berrière, Jacques se dirige directement vers sa chambre. Il a besoin de repos. Thomas le sait, depuis quelque temps : « C'est lui qui nous a appris qu'il était malade. Il ne nous cachait pas la vérité, ne dramatisait pas la situation. Il nous a révélé de façon très factuelle la nature de sa maladie et l'issue très probable[2]. » Jacques a découvert qu'il était atteint du virus du sida. En faisant de sa vie une œuvre d'art, il a respecté le programme qu'il s'était fixé. Il ne regrette rien, ne paye rien

1. Entretien avec l'auteur.
2. Entretien avec l'auteur.

non plus. « Il assumait tout. Il ne criait pas à l'injustice. Il nous a épargnés au maximum[1] », assure Thomas. En dandy jusqu'au-boutiste, Jacques joue avec l'idée de sa disparition. « Il avait un sens du jeu quasi infini, poursuit Thomas. Il mettait en scène des testaments. Il s'enregistrait devant nous avec une radiocassette, et il plaçait des petites phrases choquantes qui nous faisaient rire, sachant aussi l'effet que ça produirait le jour où son testament serait dévoilé devant tout le monde[2]. »

Si Jacques donne l'illusion de supporter l'idée de sa fin, sa maladie semble plonger Karl dans un profond désarroi. Lorsque l'état physique de Jacques empirait, « Karl proposait de lui offrir une Aston Martin s'il regagnait dix kilos..., se rappelle Thomas. C'était désespéré, c'était des propositions farfelues, mais d'une personne qui ne voulait pas voir disparaître un être aimé[3]. »

---

1. Entretien avec l'auteur.
2. Entretien avec l'auteur.
3. *Un jour, un destin : Karl Lagerfeld, être et paraître, op. cit.*

Que pourrait-il faire d'autre alors que la seule page de son existence qu'il serait incapable d'arracher menace de s'envoler ? Continuer d'avancer, coûte que coûte. « Il le fallait. Ne serait-ce que pour que Jacques continue[1]... », assure Diane de Beauvau-Craon.

Lorsqu'il prenait son petit déjeuner au Ritz avec Victoire, Karl aimait cultiver les secrets. Celui-ci, il aurait préféré s'en passer. Pour préserver Jacques, il souhaite que personne ne sache qu'il est atteint du sida. Ceux de son entourage qui sont au courant ne doivent pas évoquer sa maladie. Il faut jouer le jeu. Il arrive ainsi au couturier de reprocher à son compagnon sa mauvaise mine, en public. Mais les apparitions de Jacques à ses côtés se font de plus en plus rares. « Karl préférait que Jacques reste à l'écart. Pour deux raisons : d'abord parce qu'il souhaitait le protéger au maximum et prendre soin de lui jusqu'au bout, ce qu'il a fait. Ensuite, le glamour de la mode et la maladie ne font pas bon ménage. Karl [...] n'a jamais souhaité

1. *Ibid.*

mettre en scène sa maladie[1] », analyse Thomas de Bascher.

Fin 1988, Jacques est hospitalisé. Le couturier ne laisse rien paraître de son propre état. Quand la journaliste Pepita Dupont réalise une interview chez Karl, rue de l'Université, pour *Paris Match*, elle ne se rend compte de rien. « Il avait eu la gentillesse de me recevoir longuement un dimanche. En prenant congé de lui sur le trottoir de la rue de l'Université, j'ai vu que son chauffeur l'attendait. Il m'a dit : "J'ai un ami qui est très malade à l'hôpital de Garches." Mais il n'a pas mentionné son nom. J'ai répondu ce qu'on répond habituellement, que j'espérais qu'il irait mieux, des choses un peu banales[2] », se souvient-elle.

Le chauffeur traverse un Paris devenu gris, lourd. Pour affronter la situation, il y a auprès de Karl une femme. Diane de Beauvau-Craon l'attend devant chez elle. Elle monte dans la Rolls à côté de lui, un sourire triste au coin des lèvres :

---

1. Entretien avec l'auteur.
2. Entretien avec l'auteur.

« On “faisait la tournée” parce qu’on partageait un grand malade qu’on aimait. On avait besoin d’être ensemble[1]. » Et d’ajouter : « La souffrance et la tristesse que l’on éprouve quand on est en train de perdre un être cher sont des affaires extrêmement personnelles, mais, de temps en temps, on a besoin de les vivre à deux. On se débrouillait toujours pour que l’un ou l’autre soit présent. C’était vraiment une période tragique, mais nous avons essayé de la rendre la plus heureuse, la plus confortable, la plus apaisante possible pour Jacques[2]. » La silhouette du bâtiment se détache dans la nuit tombante. « L’hôpital était lugubre, les médecins habillés en combinaison, comme s’ils travaillaient à proximité de la bombe atomique… Nous y allions sans précaution particulière[3]. »

Même au chevet de son ami, Karl l’accompagne avec courage et pudeur. L’homme qui sait si bien jouer avec les apparences va se servir de

---

1. *Un jour, un destin : Karl Lagerfeld, être et paraître*, *op. cit.*
2. Entretien avec l’auteur.
3. Voir Marie Ottavi, *Jacques de Bascher, dandy de l’ombre*, *op. cit.*

son talent pour préserver Jacques jusqu'au bout. Diane insiste : « Jamais Karl n'a fait ressentir cette douleur à Jacques. Il l'a protégé [...] de toute forme d'angoisse[1]. » C'était exceptionnel : « Karl est un grand monsieur[2]. »

Une rémission survient comme un bonheur fragile. S'offre alors à Jacques la possibilité de se rendre quelques jours chez Karl, dans cette autre maison qu'il possède près de Paris, au Mée-sur-Seine. Là-bas, il pourra retrouver l'air frais de la campagne, loin des vapeurs de sa chambre close. « C'était compliqué, mais cela s'est fait, se souvient Diane. Je crois que Jacques était très heureux au début. Et puis, comme il était très atteint, je pense que l'hôpital l'a rassuré davantage[3] [...]. »

Jacques accepte son destin avec panache. Alors qu'il est au plus mal, il trouve la force de faire un nouveau tour de magie à Armelle, sa mère. Encore un spectacle pour ses neveux et nièces,

1. *Ibid.*
2. Entretien avec l'auteur.
3. Entretien avec l'auteur.

en forme de pirouette au destin. « Il avait des taches dues à la maladie sur la peau, raconte Thomas de Bascher. Sa mère venait le voir quasiment tous les jours à l'hôpital avec un produit appelé le Contre-coups de l'abbé Perdrigeon. Elle l'appliquait sur les taches, puis posait un sparadrap dessus… Une fois qu'elle était partie, Jacques s'amusait à déplacer les sparadraps sur des zones sans taches. Le lendemain, quand sa mère arrivait, elle criait au miracle. Alors qu'il savait qu'il était condamné[1]. »

Jacques de Bascher est au plus mal. Son entourage l'accompagne dans ses dernières douleurs. Fidèle, Diane de Beauvau-Craon est là, elle aussi, jusqu'au bout : « Ce qui apaisait Jacques, à la fin, c'était de partir[2]. » Il meurt à l'âge de trente-huit ans. Il aura réussi à faire de lui-même une œuvre lumineuse, soutenu pendant dix-huit ans par un regard bienveillant. « Au fond de lui, il aurait aimé être reconnu pour son talent. S'il avait vécu, je pense qu'il serait passé à autre chose, à un moment donné, et qu'il aurait

1. Entretien avec l'auteur.
2. Entretien avec l'auteur.

consacré sa vie à la création[1] », imagine Xavier de Bascher. Quel mot, quelle phrase de Karl a-t-il emportés avec lui ce 3 septembre 1989 ? Nul ne le saura.

Jacques tenait à être inciné avec son ours en peluche. Cette fois-ci, Karl ne peut se résoudre à arracher la page. Pour la première fois de sa vie sans doute, il cède. Au lendemain de la cérémonie religieuse à Paris, il organise une messe au Mée-sur-Seine. Un ultime hommage, comme une lettre d'adieu, de la part de celui qui ne se rend jamais aux enterrements.

Une partie des vêtements de Jacques lui est ensuite confiée par Armelle, sa mère. « Après sa mort, elle a réuni la majeure partie des affaires qui se trouvaient à la Berrière et les a restituées à Karl. Elle considérait qu'elles lui revenaient. À l'exception de deux montres et d'un camée, qu'il nous a confiés, à nous les neveux [...][2] », raconte Thomas.

1. Entretien avec l'auteur.
2. Entretien avec l'auteur.

Karl partage son désarroi avec Diane et une autre femme, qui vient de perdre un fils : Armelle de Bascher. Régulièrement, ils s'écrivent de longues lettres. Karl met une chambre à sa disposition rue de l'Université et lui ouvrira régulièrement la porte de ses défilés. Il lui enverra des fleurs, n'oubliant jamais la date anniversaire de la mort de Jacques. Ensemble, dans le secret de ceux qui savent et se sont reconnus, ils cultivent sa mémoire.

Le couturier et la reine mère

Les piaillements des oiseaux ponctuent avec régularité le son continu, hypnotique, des jets d'eau qui retombent dans le bassin. Le ciel est bleu marine. Ce début d'après-midi de juin 1990 s'annonce sous les meilleurs auspices. Une pluie fine aurait gâché la fête. D'autant qu'il n'aurait pas été plaisant de devoir montrer aux invités l'intérieur du château, dont l'ameublement « XVIIIe siècle champêtre » est loin d'être terminé. Le jardin, en revanche, est à son paroxysme de beauté. Bouquets de fleurs, parasols, entourent un ravissant buffet, sur lequel attendent, protégés du soleil, petits-fours et macarons disposés en pyramides. Des invités triés sur le volet attendent avec Karl.

L'idée a germé dans l'esprit du petit-neveu de Toulouse-Lautrec, Bertrand du Vignaud, quelque temps plus tôt : « À la fin des années quatre-vingt, à la demande du prince Jean-Louis de Faucigny-Lucinge, j'ai participé à l'organisation des voyages privés de la reine mère Elizabeth d'Angleterre, en France, notamment un séjour en Bretagne. Je trouvais intéressant de lui faire rencontrer Karl Lagerfeld, qui a tout de suite accepté de lui ouvrir le parc et le château de Grand-Champ. Karl était naturellement fasciné par le prestige historique de la monarchie. Il trouvait formidable de recevoir cette souveraine qui avait même été la dernière impératrice des Indes[1]. »

Il est prévu qu'Elizabeth vienne prendre le thé au château en fin d'après-midi. Une visite privée, en toute simplicité. Le couturier avait un temps envisagé l'idée de convoquer la presse ; Bertrand du Vignaud l'en a dissuadé. « C'est un voyage strictement privé, et une réception qui doit rester amicale[2] », lui a-t-il expliqué. D'ailleurs, l'itiné-

1. Entretien avec l'auteur.
2. Entretien avec l'auteur.

raire emprunté par sa Majesté jusqu'à la demeure du couturier est maintenu totalement secret.

Karl a certes l'habitude de côtoyer les rois et les reines, mais la rencontre n'est pas des plus habituelles. « Il était quand même impressionné. Je l'avais un peu préparé, en lui conseillant de lui parler de son jardin, des fleurs, du château, en évitant sa prochaine collection… Mais il savait très bien tout cela[1]… »

Quelque temps avant, Bertrand du Vignaud a renseigné la souveraine sur la personne et l'œuvre de Karl Lagerfeld, ainsi que sur l'histoire du lieu qu'elle s'apprête à visiter : « Elle s'intéressait beaucoup à l'architecture des châteaux et des églises. Une sorte d'amour la liait à la France[2]. » Elle ignore cependant qu'elle ne verra du château de Grand-Champ que l'extérieur, sa façade et son parc.

Karl attend devant les grilles. Au bout d'un moment se dessine au fond du paysage ce qui ressemble à un petit équipage. « L'arrivée de la reine mère avait toujours quelque chose d'un peu

1. Entretien avec l'auteur.
2. Entretien avec l'auteur.

impressionnant. Six ou sept voitures, la police, les motards… Avec ce côté solennel, martial. C'était l'Angleterre éternelle qui débarquait[1] », se souvient-il. À bientôt quatre-vingt-dix ans, Elizabeth descend de la Daimler noire. Bertrand du Vignaud fait les présentations. Karl la salue suivant le protocole. Quelque peu hésitant sur la conversation, il préfère l'entraîner immédiatement dans une visite du jardin. Il lui montre les bassins, les fleurs, le labyrinthe et le petit bois où il aime se promener après le déjeuner. Sur elle aussi, le charme de Penhoët opère. Un peu tendue à son arrivée, la reine mère aurait fini par déclarer qu'elle avait l'impression de marcher dans une peinture encadrée par des roses. Leur chemin les conduit au buffet, où les édiles locaux les attendent pour la cérémonie anglaise traditionnelle, celle du thé. Heureusement, la souveraine n'a pas émis le désir d'entrer dans la bâtisse.

La discussion se poursuit devant des tasses en porcelaine. Inquiète de la dégradation du patrimoine, Elizabeth se réjouit de voir le château et le parc de Grand-Champ si bien sauvegardés.

1. Entretien avec l'auteur.

« Soudain, raconte Bertrand du Vignaud, dans ce ciel pur, sans nuage, un énorme coup de vent a emporté un parasol dans un fracas assourdissant. Les gens de la sécurité ont bondi, tout le monde croyait à une catastrophe[1]. » Tous, sauf Elizabeth, qui poursuit sa conversation, assise, impassible. Le parasol est finalement maîtrisé. Les esprits se calment lorsque la souveraine s'amuse de la *standing ovation* que l'événement lui a permis d'avoir. Elizabeth repart. « Je ne doute pas que, pour la reine mère, cette réception soit restée un souvenir tout particulier[2] », confie Bertrand du Vignaud. Un instant, Karl a frémi. Il semble ébloui par le sang-froid de la royale nonagénaire : au fond, ce n'est pas très étonnant. Elle a connu le Blitz pendant la guerre, rien ne lui fait plus peur.

À la mort de sa mère, vingt ans plus tôt, Karl avait délaissé le château breton. L'hôtel particulier parisien avait pris sa suite. Puis d'autres lieux, d'autres appartements, d'autres époques et collections, entre Paris et Monaco, l'en avaient

1. Entretien avec l'auteur.
2. Entretien avec l'auteur.

détourné. La grande demeure était entre les mains du couple de gardiens, Pilar et Rafaël. Mais, au fond, il n'avait jamais abandonné son projet initial, qui était aussi celui de Jacques. Une annexe avait été transformée en immense bibliothèque et en salle de gymnastique. Karl voudrait aller au bout de l'histoire. Peut-être faire du lieu une fondation. Il fait alors appel à un architecte et lance de nouveaux travaux en vue de construire une aile et de doubler la surface habitable. Des plans sont dessinés, une grande maquette à l'échelle est même réalisée.

Malgré ce nouvel élan, les choses n'aboutissent pas. Le projet sera définitivement abandonné. L'envie n'est plus vraiment là.

L'astre glacé

Il dit adorer les années quatre-vingt-dix, celles des affaires d'envergure, de la communication totale et de l'ubiquité : « Il faut être mondial. Être chez soi sur la terre entière. Ça me convient. Même si mon rêve serait de n'être vu par personne, il faut donner de sa personne. Tant pis si l'image est fausse[1]. » La réalité est en effet quelque peu différente.

Car ces années-là n'en finissent pas de s'assombrir. Le 22 novembre 1997, le journal de 13 heures de France 2 consacre un sujet à deux créateurs de mode contraints de cesser une partie de leurs activités : Claude Montana et Karl Lagerfeld. « 100 millions [plus de 15 millions d'euros] de pertes

1. Jean-François Kervéan, « Je ne suis qu'un tueur à gages », *L'Événement du jeudi* du 4 au 10 décembre 1997.

cumulées sur deux ans pour un chiffre d'affaires d'à peine 40 millions de francs [6 millions d'euros], le groupe Vendôme qui exploite la marque Lagerfeld a choisi de mettre la clé sous la porte, et une cinquantaine d'employés au chômage[1] », déclare la journaliste Sophie Maisel.

Depuis sa création, treize ans plus tôt, la marque au nom du couturier est passée de main en main, reprise par des propriétaires différents : Maurice Bidermann, Cora-Révillon, Dunhill, puis le groupe Vendôme. Alors qu'il continue de révolutionner la maison de la rue Cambon, le constat s'impose : Lagerfeld ne parvient pas à imposer son identité propre sur le marché. « J'avais vu toutes les collections de prêt-à-porter Karl Lagerfeld, précise Janie Samet. C'était épatant. Beaucoup de costumes noirs sur des chemises blanches, une image de la femme un peu masculine… En plus, il avait la presse avec lui. Seulement, ça ne marchait pas, la clientèle ne suivait pas. Comme si Chanel l'étouffait[2]. »

1. Journal de 13 heures, Sophie Maisel, France 2, 22 novembre 1997.

2. Entretien avec l'auteur.

Serait-il condamné à rester adossé *ad vitam æternam* à une image aussi forte que celle de Coco Chanel ? Lagerfeld déteste l'idée qu'il pourrait être ou devenir un patron. Incarner une réelle figure d'autorité. Il a besoin de se penser comme un créateur totalement libre. D'après lui, ce sont les propriétaires de KL les responsables de cet échec. « Ils n'ont pas su m'utiliser comme Chanel ou Fendi savent m'utiliser, c'est tout[1]. » Alors, il se débarrasse du groupe avec qui il ne s'entend pas et récupère son nom. « Bon, je reprends l'affaire, et je fais moi-même une affaire avec d'autres associés à Monte-Carlo, parce qu'après tout, je suis citoyen monégasque depuis seize ans[2]. »

Sa marque renaît l'année suivante. Elle devient la Lagerfeld Gallery, avec une boutique rue de Seine, au cœur de la rive gauche, à Paris. Un lieu de vente et d'exposition de son univers, où il exalte ses goûts et son indépendance en

1. Journal de 13 heures, Sophie Maisel, France 2, 22 novembre 1997.

2. *Ibid.*

proposant un mélange de vêtements, d'objets et de livres. Mais le problème reste le même : le couturier tient-il vraiment au fond à afficher et à exploiter son nom ? « Les gens ne le connaissaient que comme directeur artistique de Chanel et Fendi, explique Vincent Darré. Cela semblait plus une obligation qu'un choix. Quand il faisait les essayages, il passait d'abord chez Chanel, puis chez Chloé, et enfin chez Lagerfeld, en fin de parcours. Il me disait qu'il n'aimait pas avoir son nom sur une boutique, il trouvait cela vulgaire. De toute façon, il n'aimait pas se prendre au sérieux. Il s'amusait beaucoup plus dans les autres maisons[1]. » Il faudra attendre plusieurs années avant que son image finisse par exister de manière autonome et assure le succès de sa marque.

À ces difficultés s'ajoute la rupture de son contrat avec Chloé par le groupe Vendôme, la même année. Après un départ compliqué au moment de sa reprise de Chanel au début des années quatre-vingt, la maison déclinante avait fini

1. Entretien avec l'auteur.

par le rappeler. Mais le voilà à présent remplacé par la fille de Paul McCartney, Stella, âgée de vingt-cinq ans.

Les séparations, personnelles comme professionnelles, n'en finissent plus et semblent l'accabler. « Karl ne sortait plus. Il faisait ses séances de shooting chez lui, comme d'habitude, jusque tard le soir, toujours avec le même groupe, des gens du travail[1] », se souvient Vincent Darré. Il dissimule son nouvel embonpoint derrière une enfilade de paravents : ses lunettes, son éventail et des vêtements de plus en plus amples. Cols roulés noirs et costumes foncés. « J'ai commencé à m'habiller chez Matsuda, Comme des garçons et Yohji Yamamoto. D'une taille *small*, je suis passé au medium, du medium au large, puis au XL[2]. »

Une fois encore, ce monde qui vacille trouve un sens dans les livres. La poétesse française Catherine Pozzi, qu'il vénère, fut la maîtresse de Paul Valéry et souffrit d'une immense solitude

1. Entretien avec l'auteur.

2. Jean-Claude Houdret, Karl Lagerfeld, *Le Meilleur des régimes*, Robert Laffont, 2002.

après leur rupture. Un de ses vers fait probablement écho à ce que le couturier traverse : « Mon cœur a quitté mon histoire[1]. » Jacques n'est plus, et son absence se prolonge. Karl affectionne une autre phrase. Elle est du peintre Paul Klee ; il la citera souvent. Elle résonne avec le vers de Pozzi : « J'ai tout été, j'ai tout aimé, j'ai tout goûté, et maintenant je suis un astre glacé[2]. » Il en fait sa devise.

Lagerfeld se consacre plus que jamais au travail. Enchaîne les dessins, les défilés et les photographies à un rythme effréné, comme autant d'onguents posés sur une cicatrice devenue à force presque invisible. Ses cheveux ont blanchi, mais il ne les teint pas. Il préfère accentuer leur couleur, les recouvrant à présent de talc. Avancer, la tête haute. Tirer un trait sur son passé.

Après sept ans de travaux, il se sépare de sa somptueuse villa allemande achetée après la mort

---

1. Catherine Pozzi, « Scolopamine », in *Très haut amour*, Gallimard, coll. « Poésie », 2002.

2. Anne-Florence Schmitt, Richard Gianorio, « Je suis un mercenaire », *Madame Figaro*, 3 octobre 2014.

de Jacques. Une sorte de temple grec construit dans les années vingt sur les hauteurs de Blankenese, le quartier de son enfance. Dotée d'un atrium et de colonnes sur une façade à laquelle on accède par un immense escalier, ceinte d'un haut mur, entourée d'arbres, elle lui permettait de regarder les bateaux voguant sur l'Elbe, sans être vu. Il retrouvait les bruits et les odeurs éprouvés par le petit garçon si sûr de son avenir. Il allait, seul, écrire sa correspondance au salon de thé, un peu plus bas.

En hommage à Jacques, il l'avait baptisée villa Jako. Elle était davantage qu'un mausolée et un hommage à un projet commun : la tentative ultime de vivre dans une autre époque, une réconciliation avec son pays et son histoire. En empruntant à l'école de Darmstadt, influencé par les architectes Bruno Paul et Richard Riemerschmid, ce n'est pas seulement l'atmosphère disparue de l'entre-deux-guerres allemande qu'il avait, une fois de plus, cherché à reconstituer. Mais bien le décor dans lequel ses parents avaient vécu et où il était né. Il avait fait accrocher les longs rideaux transparents qui ornaient de façon similaire les fenêtres de sa première demeure. Il avait posé les portraits d'Otto et d'Elisabeth sur les meubles Mitteleuropa, à côté de celui de Jacques. Il aurait pu racheter la demeure familiale ou le manoir de Bad Bramstedt, mais tous deux avaient disparu.

Cet exercice de retour sur le passé n'était manifestement pas simple, puisqu'il n'avait dormi dans la maison que quelques nuits. Il raconte[1] qu'un soir il avait perçu les voix de ses parents, portées par le vent et les sirènes lointaines des bateaux, à travers les voilages. Sous le lustre viennois imposant du salon, il avait soudainement ressenti le passage du temps. Comment oublier la guerre ? Seule la photographie pouvait fixer à jamais cette tentative de retrouver ce rêve qu'il savait maintenant définitivement perdu. Il avait donc immortalisé la maison par plusieurs clichés, avant de partir. S'était-il senti à jamais coupable pour son pays ? En tout cas, la réconciliation était impossible. En quittant la villa Jako, il signait son adieu à l'Allemagne et, peut-être, la possibilité d'aller un jour au bout de ses deuils.

---

1. *Le Divan*, Marc-Olivier Fogiel, *op. cit.*

Le 21 juin 1999, il se sépare de Grand-Champ, et de vingt-cinq années passées à réaliser sa vision d'enfant.

Il vend aussi son mobilier parisien. Avenue Matignon, à Paris, les neuf salons du nouveau siège de Christie's présentent au public les candélabres, le lit à baldaquin, le vase Louis XV, la centaine de sièges, le Neptune doré de son hall d'entrée de la rue de l'Université. Les 389 lots seront bientôt transportés à Monaco pour la grande vente que le couturier a décidé d'organiser, là encore sur un coup de tête. Estimée à environ 170 millions de francs (25 millions d'euros), elle en rapporte 20 millions de moins. À l'époque, la presse s'interroge sur les raisons qui poussent Lagerfeld à se séparer de son décor quotidien. « Le couturier est resté silencieux après la vente. Mais, auparavant, il l'avait justifiée en se disant fatigué du Louis XV-Louis XVI, et désireux de se tourner vers le minimalisme japonais. Il y a aussi une explication plus prosaïque, puisqu'il a été soumis à un redressement fiscal qui serait de l'ordre de 200 millions de francs [30 millions d'euros]. Il s'était en effet déclaré comme résident monégasque, alors que l'administration [le suspecte de passer] son temps entre ses différentes résidences françaises[1] », écrit Vincent Noce sur liberation.fr. L'affaire se solde par une transaction avec le fisc[2].

L'hôtel particulier de la rue de l'Université a bien changé. Karl a allégé les pièces des meubles anciens, des damas rouges, des tapis profonds. Désormais, une table, une chaise et un canapé lui suffisent. Le strict minimum vital. De grandes surfaces blanches épurent l'espace. Il ne jure plus que par les grands noms du design contemporain : Philippe Starck, les frères Bouroullec, Marc Newson. Il s'est délesté des poids qui le tiraient vers le passé. Comme au début d'une collection, un nouveau paradigme se met en place. De manière encore plus radicale encore que d'habitude. Il ne s'est pas seulement séparé des vieilles

1. Vincent Noce, « Collection Lagerfeld : vente décousue », liberation.fr, 2 mai 2000.

2. Cf. Raphaëlle Bacqué, « L'instinct de survie », Les visages de Karl Lagerfeld 5/6, *Le Monde*, 25 août 2018.

pierres de Grand-Champ et du décor parisien des Lumières, il a aussi fait le tri parmi ses connaissances, ces témoins d'un autre temps qu'il préfère oublier.

La transformation

Karl n'aime pas l'image qu'il croise dans son miroir. « J'ai pensé : ah non, je ne veux plus de ce pépé-là[1]. » Il se fait son propre juge, s'admoneste… « Si tu veux continuer à faire ce que tu fais, il te faut un nouveau look. Les temps ont changé, et tu as intérêt à changer, toi aussi, avant de devenir une mauvaise imitation de toi-même. Alors ne pense plus à toi et mets-toi au régime. Tu veux porter les vêtements que tu vois, mais tel que tu es, ces vêtements n'ont aucune allure sur toi[2]. » Francis

1. Pepita Dupont, « Karl Lagerfeld : Le plus coûteux, ce sont toutes les crèmes que j'achète pour que ma peau ne ressemble pas au plissé d'une robe de Fortuny », *Paris Match*, 21 novembre 2002.

2. Jean-Claude Houdret, Karl Lagerfeld, *Le Meilleur des régimes*, *op. cit.*

Veber se souvient de cette passe délicate : « Karl avait trop de poids et il en souffrait, son extrême coquetterie en souffrait. Cette coquetterie relevait d'une forme d'anxiété, mais aussi de dignité. Il se voulait présentable, quoi qu'il arrive[1]. »

Rendez-vous est pris boulevard Flandrin, près de la porte Dauphine, dans le 16e arrondissement parisien. Jean-Claude Houdret, homéopathe, phytothérapeute et nutritionniste, reçoit le grand couturier dans son bureau blanc, empli d'œuvres d'art. Dans la bibliothèque en bois style anglais sont alignés des ouvrages spécialisés reliés de cuir. Un fauteuil blanc trône au milieu de la pièce. Karl s'assoit en face du médecin à la grande moustache brune qui frise sur les côtés. Le premier contact est jovial. « Il m'a dit : "Bonjour docteur, j'étais le patient de votre prédécesseur." J'ai répondu : "Oui, bien sûr. D'ailleurs, vous avez encore un dossier[2]" », raconte le Dr Houdret. Puis Karl Lagerfeld le

1. Entretien avec l'auteur.
2. Entretien avec l'auteur.

regarde fixement à travers ses lunettes noires et lui demande s'il sait qui il est. « J'avais un peu honte ; en réalité, je le confondais avec un autre qui faisait des vêtements, confie le thérapeute. Alors je lui ai dit : "Écoutez, je sais que vous êtes un grand couturier, mais je ne vous connais pas vraiment[1]..." » Karl n'est ni désarmé ni vexé pour autant. Il prend le temps de tout expliquer au médecin. « [...] Il a commencé à me raconter sa jeunesse, se souvient Houdret. Il m'a dit qu'il était né en Allemagne du Nord, que sa mère était une personne à la fois intéressante, riche d'idées, mais aussi très rigide, et qu'elle le traitait, enfant, comme un adulte. Il m'a raconté ensuite pourquoi il était venu à Paris... Au bout d'une demi-heure, il m'a demandé : "Et vous, qui êtes-vous ?" Alors j'ai fait pareil, je lui ai raconté ma vie, une dizaine de minutes[2]. » Karl Lagerfeld met un terme au rendez-vous. Il souhaite réfléchir avant de prendre sa décision. Le médecin est étonné par cette visite, plus proche d'une discussion entre

1. Entretien avec l'auteur.
2. Entretien avec l'auteur.

amis que d'une consultation. « Intelligent, expérimenté, et donc méfiant. Il savait qu'un lien de sympathie et de confiance était nécessaire avec la personne qui allait peut-être devoir le soigner[1] », explique-t-il.

Quelques jours plus tard, nouveau rendez-vous boulevard Flandrin. Cette fois, Karl révèle à Jean-Claude Houdret les raisons qui l'ont poussé à venir consulter. Il ne se sent pas bien, se juge trop gros : « J'ai l'impression que, dans le corps d'un notaire de province, il y a l'âme d'un grand couturier parisien[2]. » Et de conclure : « J'aimerais que vous remettiez en adéquation mon aspect et ce que je suis en réalité[3]. » Le spécialiste l'informe qu'il va devoir suivre un « recentrement alimentaire ». Il lui faudra perdre une quarantaine de kilos. Mais, pour commencer, dix suffiront, annonce Houdret : « J'explique ce qu'il ne faut pas faire, bien sûr, mais aussi ce qu'il faut faire. Lui, tout cela le barbe, et il me

1. Entretien avec l'auteur.
2. Entretien avec l'auteur.
3. *Un jour, un destin : Karl Lagerfeld, être et paraître*, *op. cit.*

demande d'aller voir ses cuisiniers et de tout leur expliquer[1]. »

Le 1er novembre 2000, Karl Lagerfeld attaque un programme alimentaire réglé comme du papier à musique. Son personnel a noté les recettes dictées par le médecin. Finis les hot-dogs, les crêpes, les saucisses. Karl se met en condition, devient, comme il le dit lui-même, « auto-fasciste[2] ». « Il faut vous donner des ordres comme à une jeune recrue de l'armée. Vous êtes à la fois votre officier et votre soldat[3]. » Sa volonté est farouche. Il ne laisse rien passer. Il veut l'emporter à tout prix. « C'est son esprit prussien : la règle, c'est la règle et on applique le règlement[4]. » « Par exemple, quand il invitait des gens à dîner chez lui, ses cuisiniers lui servaient son repas quand les autres pouvaient manger devant lui des plats en sauce, du foie gras… Il

1. Entretien avec l'auteur.

2. Marion Ruggieri, « Karl Lagerfeld présente sa nouvelle ligne », *Elle*, novembre 2002.

3. Jean-Claude Houdret, Karl Lagerfeld, *Le Meilleur des régimes*, *op. cit.*

4. *Un jour, un destin : Karl Lagerfeld, être et paraître*, *op. cit.*

s'impose à lui-même la règle qu'il a choisie[1] », raconte Jean-Claude Houdret, qui doit même freiner ses ardeurs : « Il était prêt à mourir de faim, ce qui n'était pas du tout souhaitable ni nécessaire, ce n'est pas du tout comme ça qu'il faut faire[2]. » Petit déjeuner à 8 heures, déjeuner à 13 heures, dîner à 20 heures. Deux tranches de pain et un demi-pamplemousse le matin. Le soir : haricots verts et œufs durs. Quelques compléments alimentaires naturels. Il lui arrive de recracher certaines bouchées… « Ça permet d'avoir le goût, sans les calories[3]. » Musculation un quart d'heure, trois fois par semaine. Il évite autant que possible les voyages et les repas en ville. « Quand il m'invitait à déjeuner, il avait déjeuné avant. […] Il ne touchait à rien[4]. » « La nourriture n'avait pour lui aucun intérêt. En fait, Karl n'est pas un homme gourmand. Tout, dans son attitude, dans son personnage, prouve un

1. Entretien avec l'auteur.

2. Entretien avec l'auteur.

3. Jean-Claude Houdret, Karl Lagerfeld, *Le Meilleur des régimes*, *op. cit.*

4. *Un jour, un destin : Karl Lagerfeld, être et paraître*, *op. cit.*

désintérêt pour les choses de la vie[1] », se souvient Janie Samet.

À ce rythme-là, le programme fonctionne à merveille. Ravi, il envoie des petits mots au Dr Houdret dans le style *J'ai encore perdu tant*. En treize mois, il perd quarante-trois kilos ; c'est un peu trop. Certains, bien sûr, le disent malade, d'autres qu'il a eu recours à la liposuccion. Lui, qui déteste l'idée même d'une opération, laisse cancaner. Il aime à dire qu'il est devenu un cintre. « Pour nous les journalistes, c'était plus joyeux de le filmer comme ça, déclare la journaliste de mode Viviane Blassel. Il était bien dans sa peau. On le sentait bien, heureux, ça lui allait très bien[2]. »

Karl Lagerfeld laisse tomber les amples vêtements japonais et teste les combinaisons de vêtements et d'accessoires que lui permet sa silhouette affinée. Houdret assiste à la transformation vestimentaire : « Je le voyais avec [...] des jeans, des boucles de ceinturon énormes, des bagues avec je ne sais pas quoi, des têtes

1. Entretien avec l'auteur.
2. Entretien avec l'auteur.

de mort[1]... » « Ce qui le mettait de joyeuse humeur, précise ce dernier, c'était de voir qu'il s'affinait, qu'il pouvait entrer dans des vêtements où ses assistants, qui avaient trente ans de moins que lui, ne pouvaient pas rentrer[2]. » Un jour, Karl se présente en consultation avec l'une des fameuses vestes cintrées du nouveau directeur artistique de Dior, Hedi Slimane. Il exulte : « Vous avez vu ce que je porte[3] ? », se souvient son médecin.

La flamme intérieure semble s'être rallumée. Vincent Darré le constate, lui aussi : « Tout d'un coup, il change de vie, il se met à ressortir dans les fêtes, dans les dîners[4]. » Il a une nouvelle bande, celle de Hedi Slimane. Karl s'entoure de jeunes, donne des soirées chez lui, offre un dessin à Jean-Claude Houdret, où il apparaît gros puis mince, avec un « Merci docteur ».

1. *Un jour, un destin : Karl Lagerfeld, être et paraître*, *op. cit.*

2. Entretien avec l'auteur.

3. Entretien avec l'auteur.

4. *Un jour, un destin : Karl Lagerfeld, être et paraître*, *op. cit.*

Le couturier n'a pas pour autant renoncé à sa plus grande passion. Il croule littéralement sous des livres qu'il tente de faire répertorier et dont il endigue la prolifération par la construction de bibliothèques de plus en plus impressionnantes. Dès qu'il le peut, il passe son temps à lire. Bossuet et Saint-Simon bien sûr, mais aussi Houellebecq ou des bandes dessinées. Enfermé dans son panoptique, il ne veut rien manquer du monde. Il se passionne également pour le dernier gadget technologique à la mode, défile tel un mannequin à la fin de ses shows et donne les recettes de son incroyable transformation. Cette dernière futilité, dont tout le monde parle, l'enchante. Elle lui sert à cacher sa gravité. « Je ne tiens pas du tout à avoir l'image de ce que je suis, c'est terriblement ennuyeux, c'est prétentieux[1] », avoue-t-il dans un entretien à Bernard Pivot, qui tente de comprendre le décalage entre l'homme de réelle culture et le mondain à l'image superficielle. « Karl Lagerfeld est un homme de haute

1. *Double je*, produit et présenté par Bernard Pivot, réalisé par Bérangère Casanova, *op. cit.*

culture plus que de haute couture[1] », tranche une observatrice amoureuse des livres, Danielle Cillien-Sabatier.

Un nouvel accessoire, des mitaines en cuir, dissimule désormais ses mains. Les années semblent n'avoir plus aucune prise sur son corps. Chaque matin, entre sa chambre, sa salle de bains et son dressing tout blancs, il passe des heures à préparer ce qu'il nomme désormais, de manière presque schizophrénique, sa « marionnette ». Crèmes, bombe de shampoing sec, catogan, lunettes noires, chemise blanche et col haut, veste cintrée, bagues, broches, miroir. Rituel immuable d'anéantissement du temps et construction journalière d'une armure contre un monde sans pitié qu'il peut à nouveau affronter sans état d'âme. Là encore, le dispositif est pensé. Le couturier l'intellectualise. Il se réfère à l'un de ses films préférés, *Le Cabinet du docteur Caligari*, cette histoire de somnambule inquiétant, dans laquelle il serait à la fois la marion-

1. Entretien avec l'auteur.

nette et son manipulateur. Le corps dominé par l'esprit. L'esprit lui-même tenu par la rigidité du corps, afin d'éviter tout débordement ou épanchement trop sentimental. Son besoin de maîtrise absolue a trouvé un nouveau mode opératoire. Probablement le plus radical.

Physiquement, Karl montre qu'il a intégré *une perte.* Esthétiquement, il vit son époque blanche. Mais des fils secrets relient la marionnette à une histoire beaucoup plus ancienne, la sienne. En fait, il applique à sa personne ce qu'il n'a cessé de faire pour les marques. Ainsi, sa mise intègre les grands moments de ses panoplies : les lunettes noires qu'il porte depuis le milieu des années soixante, le catogan et les cheveux poudrés qui se réfèrent au XVIIIe, ses hauts cols blancs et raides, qui évoquent les figures d'admiration de sa mère, Walther Rathenau et le comte Kessler, mais surtout le chic à la fois indémodable et suranné de Jacques de Bascher. Le couturier l'admet volontiers : son personnage n'est pas une construction *ex nihilo*, mais une suite d'évolutions. Au fond, son apparence trahit une fidélité discrète et constante à des temps qu'il n'a jamais oubliés. Lorsqu'il peut être esthétisé, son propre passé peut exister.

Si sa passion pour le design contemporain semble subite, elle n'est pas nouvelle. Avant d'être entièrement Art déco, le 35 de la rue de l'Université était immaculé, au milieu des années soixante ; un fauteuil en cuir du designer italien Joe Colombo trônait dans le salon. Par ailleurs, tous les lots de la vente récente n'ont pas trouvé preneur. Il est resté des vases bleus. Karl s'en était alors accommodé : « Je vais finalement les garder, car ils iront très bien dans un décor moderne[1] », avait-il alors déclaré. Certaines pièces de son hôtel particulier n'ont pas été vidées. Il les a conservées en l'état, pour les invités. Le XVIIIe n'est donc pas tout à fait mort. Ni, plus étrangement, son enfance. Il la conserve chez lui, où il a soigneusement reconstitué la chambre de ses premières années en Allemagne.

Depuis le décès de son père et l'arrivée de sa mère en France, ce décor le suit d'appartement

1. « Karl Lagerfeld ravi de sa vente », article non signé, liberation.fr, 4 mai 2000.

en appartement, comme le point focal de son moi intime, le champ aveugle de son identité profonde. « Cette chambre, il l'ouvrait peu[1] », raconte Vincent Darré. « On passait très vite dans cette pièce, on était un peu gênés, on regardait… […] Il y avait une petite table de nuit, avec une bougie, un lit pas très grand, pour une personne. Tout était comme si l'on allait dans la maison de Victor Hugo[2]… » La table sur laquelle il dessinait et les bergères sont là aussi. Parfois, il peut s'asseoir quelques instants sur le petit lit. « Je n'osais imaginer à quoi il pouvait alors penser, poursuit Vincent Darré. Peut-être était-ce un sas de décompression, peut-être redevenait-il un enfant, peut-être lui venait-il des pensées qu'il s'interdisait dans la journée[3]. » Inutile de s'extasier ou de lui demander une interprétation quant à ce lien étrange avec ses premières années. « C'était fou, mais Karl faisait passer les choses les plus extraor-

1. Entretien avec l'auteur.

2. *Un jour, un destin : Karl Lagerfeld, être et paraître*, *op. cit.*

3. Entretien avec l'auteur.

dinaires pour tout à fait normales[1] », complète son ancien assistant. « [Il] était contre la psychanalyse, il avait une très bonne analyse de lui-même. Il sait très bien colmater les fêlures[2]. » Point besoin de divan, donc. Derrière cette réticence contre la discipline freudienne se cache une crainte personnelle. Lorsqu'il est interrogé sur le sujet, sa réponse est à peu près toujours la même : « Dans une lettre de Lou Andreas-Salomé, l'élève de Freud, à son amant, le poète Rainer Maria Rilke, elle écrit à propos de la psychanalyse : "Ne fais jamais ça, ça tue la créativité[3] !" » Le risque de s'allonger sur un divan serait trop grand pour qui veut continuer son art. Celui de Lagerfeld serait donc soumis au contrôle de son esprit. En d'autres termes, si l'inconscient existe, il n'est pas si mystérieux. « Ma mère, elle, disait que si l'on est honnête avec soi-même, on connaît les questions et les réponses. Moi, je ne me pose même pas de ques-

1. Entretien avec l'auteur.

2. Entretien avec l'auteur.

3. Anne-Cécile Beaudoin et Élisabeth Lazaroo, « Karl Lagerfeld, l'étoffe d'une star », article cité.

tions[1]. » Sa force suprême serait bien, dès lors, tout en balayant la psychanalyse d'un revers de main, de ne cesser d'émailler ses interviews de références à la femme de sa vie.

1. *Ibid.*

Dandy populaire

À travers le nouveau personnage qu'il met en scène, Karl Lagerfeld se singularise encore davantage. Son look noir et blanc épuré lui donne l'aspect d'un logo vivant. Avec son sens de la formule, le couturier résume les choses ainsi : « Plus jeune, je voulais devenir caricaturiste. Finalement, je suis devenu une caricature[1]. » Karl n'est plus l'ombre de Gabrielle Chanel. Dans Paris, la silhouette longiligne du créateur s'affiche depuis quelque temps sur d'immenses affiches, mais personne ne se doute alors de la révolution qui s'annonce.

---

1. Guillemette Faure, « J'y étais... à la master class de Karl à Sciences Po », *M Le magazine du Monde,* 29 novembre 2013.

Les images qui défilent sur les chaînes d'info, ce matin du 12 novembre 2004, montrent toutes la même chose : des centaines de personnes attendant en file indienne devant les portes du géant du prêt-à-porter H&M. Le couturier a été choisi par la marque suédoise pour sa première collaboration avec un grand nom de la mode. Il a dessiné une collection d'une trentaine de pièces *collectors*. À l'ouverture des boutiques, la folie s'empare des clients. On assiste à des scènes inouïes de courses dans les rayons comme au premier jour des soldes. S'offrir du Lagerfeld pour quelques dizaines d'euros est une occasion unique. Acheter les vêtements qu'il a dessinés en son nom est une façon de s'approprier une part de l'image médiatique qui l'apparente désormais plus à un artiste qu'à un couturicr.

Depuis cette opération marketing, quelque chose a changé. Autrefois jugé hautain et inaccessible par le grand public, Lagerfeld devient aussitôt populaire. Anita Briey a mesuré le changement : « Je suis originaire de Bourgogne. Quand j'allais là-bas et que je discutais "Oh… Karl Lagerfeld ? Ah bon ?". Mais je peux vous assurer qu'à partir de ce jour-là, on m'a dit : "Ah oui ! C'est le catogan, c'est H&M !" Mais ça a été une explosion[1]... »

Une fois de plus, il a compris l'air du temps et s'y est adapté : la rock-star inaccessible de soixante et onze ans est devenue proche, attachante. Une sorte de père, de grand frère, d'ami idéal. Que ce soit à Paris, à Milan ou à Dubaï, il ne peut plus sortir dans la rue sans être abordé. « Les gamins étaient comme des fous avec lui, ils voulaient le prendre en photo, lui demander des autographes, raconte Hervé Léger. Et lui jouait le jeu, content de plaire à la jeunesse, en disant : "Tous les gens de ma génération me détestent ; au moins, ceux-là, ils m'aiment bien[2]." » Il ne se lassera pas de raconter que les jeunes de banlieue l'arrêtent quand il lui arrive de se promener dans Paris. Et qu'ils l'adorent.

Les journalistes se disputent ses bons mots, qui font mouche. Son autodérision glaçante fonctionne à tous les coups, comme lorsqu'il déclare : « Je suis

1. *Un jour, un destin : Karl Lagerfeld, être et paraître*, *op. cit.*
2. Entretien avec l'auteur.

une plante verte. Je n'ai pas dit belle[1]. » À mesure qu'augmente le politiquement correct, ses prises de position se font de plus en plus décomplexées et iconoclastes. Au risque de soulever les mécontentements associatifs. La maigreur des mannequins qui défilent ? « Personne n'a envie de voir des femmes rondes sur les podiums. Ce sont les grosses bonnes femmes assises avec leur paquet de chips devant la télévision qui disent que les mannequins minces sont hideux. La mode, c'est le rêve et l'illusion[2]. » Les animaux torturés pour leur fourrure ? « Le vison est une bête très méchante qui déteste l'homme[3]. » Les aphorismes pleuvent. On les recueille, on les compile. Derrière ces mots, on croirait entendre Elisabeth. Elle non plus n'était pas vraiment « politiquement correcte ».

En coulisses, sa cordialité extrême, non feinte, ses charmantes attentions étonnent les journalistes qui le découvrent dans l'intimité de ses salons pri-

1. Aurélie Raya et Caroline Tossan, « A star is Karl », *Paris Match*, 9 septembre 2007.

2. Jean-Christophe Napias et Patrick Mauriès, *Le Monde selon Karl*, *op. cit.*

3. *Ibid.*

vés. Karl envoie lui-même d'énormes bouquets de fleurs avec des petits mots pour remercier. Il aime aussi faire des cadeaux. « Après une interview chez lui, tard le soir, il y avait une petite pochette Chanel sur un canapé. Il m'a dit : "Madame Blassel, je ne sais pas ce qu'elle fait là..." Et il me l'a donnée, comme ça... C'est dire l'élégance du personnage. Il n'a pas besoin d'acheter les journalistes. En revanche, il sait ce qu'il faut faire pour plaire et être aimé[1]. » Derrière le masque froid du Kaiser de la mode se cache en réalité un être extrêmement gentil et doux. « Karl est d'une politesse extrême, toujours très courtois et attentif aux autres. C'est une belle âme, il a aidé moralement et non pas seulement financièrement beaucoup de personnes. Toujours avec une grande discrétion. Il a aussi le talent de vous rendre plus intelligent que vous n'étiez avant de le rencontrer. Il sait toujours éveiller la curiosité de l'autre, il aime les conversations qui fusent, avec lui c'est comme une partie de ping-pong : il faut avoir de la répartie. Un être rare et attachant[2] »,

1. Entretien avec l'auteur.
2. Entretien avec l'auteur.

constate Pepita Dupont. Dès lors, en interview, il décourage toute relance. « Il avait une telle façon de vous répondre, avec un débit de mitraillette, que vous n'aviez pas le temps d'aller plus loin, raconte Viviane Blassel. Il avait toujours le dernier mot. Il savait nous avoir comme personne. Mais on est tellement content de se faire avoir, avec lui[1]… »

Comme dans *Citizen Kane*, Karl délimite son territoire. *No trespassing*, entrée interdite. Ce système de protection est entretenu par les membres de son entourage. « Pourquoi chercher à comprendre ce qu'il vous cache, ce qu'il n'a pas envie que vous compreniez ? s'étonne Cheska Vallois. Quand on reste à l'extérieur, quand on regarde seulement cet homme qu'on a la chance d'approcher, on l'aime sans tenir à ce qu'il exprime autre chose. J'aime le mystère autour de Karl, je n'ai pas envie de tout savoir. Ce qu'il montre est suffisamment riche et foisonnant[2]. »

---

1. Entretien avec l'auteur.
2. Entretien avec l'auteur.

Peu nombreuses sont les voix qui s'élèvent pour pondérer ce qui peut apparaître aussi comme un *storytelling*. Depuis ses premières interviews, à la fin des années soixante, il a rodé son discours et n'a presque rien modifié de sa mythologie personnelle, fondée sur les brumes baltes et une mère castratrice mais structurante. « Je crois qu'il a brossé de sa mère un portrait complètement faux de monstre d'égoïsme et de dureté, avance Janie Samet. Il s'est inventé une histoire, où tous les défauts qu'on pourrait lui reprocher seraient l'œuvre de sa mère. Il l'a inventée par pudeur. Le vrai visage de sa maman, il n'en parle jamais. Pas plus que celui de son père[1]. » Lui-même assume la construction de cette légende qui s'accorde à présent parfaitement à son image vaguement vampirique. « Je ne vends que la façade[2] », déclare-t-il. « Ma vie, c'est de la science-fiction. En tout cas, le décalage entre ce que les gens croient savoir de mon existence et la réalité relève de la science-fiction. La réalité est autre… et elle est

---

1. Entretien avec l'auteur.

2. Christophe Ono-dit-Biot, « La vie selon Karl Lagerfeld », article cité.

beaucoup moins drôle[1]. » Pendant longtemps, l'histoire Jacques de Bascher fut taboue. Petit à petit, certains pans cédèrent et furent intégrés à l'ensemble. « Karl a créé sa légende comme un roman, résume Patrick Hourcade. Rien n'est faux, tout est pensé. [...] Au comble de l'imaginaire, poursuit-il, la mode n'étant qu'un prétexte, Karl Lagerfeld est le héros incarné de la communication sublimée[2]. »

Le meilleur exemple de ce jeu de cache-cache subtil concerne sa date de naissance. À ce sujet, le couturier est expert en art de la dissimulation. « Ah non, ça, quelle horreur, l'anniversaire. De toute façon, je ne suis même pas né le 10 septembre. Quant à savoir si c'est en 1933 ou en 1938... Mon âge, c'est moi qui en décide. Je suis intergénérationnel, alors mon âge importe peu, je suis libéré de ça. Et, pour ça, je n'ai aucun concurrent[3]. » L'année communiquée par son bureau de

1. Jean-Christophe Napias et Patrick Mauriès, *Le Monde selon Karl*, *op. cit.*

2. Entretien avec l'auteur.

3. Sylvia Jorif et Marion Ruggieri, « L'homme sans passé », article cité.

presse est 1938. Certains disent 1933. Lagerfeld sème le trouble : « Au milieu : 1935. Ma mère avait changé la date. C'était plus facile de faire un 3 ou un 8 […]. Je l'ai appris après sa mort et je ne sais pas pourquoi elle avait fait cela. Ce sont les circonstances d'une vie qui ne nous regarde pas[1]. » Si l'information n'était pas capitale, elle le devient. « Il a compris très tôt qu'il fallait se forger une image et surtout un mystère, pour faire rêver, explique Diane de Beauvau-Craon. Et puis personne ne veut vraiment savoir qui est Karl Lagerfeld. Ce serait ennuyeux si on pouvait lire à travers lui comme dans un livre ouvert. Alors il brouille les pistes. Tout cela l'amuse, d'autant que ça marche[2] ! » Karl est un magicien qui détourne l'attention pour que le public ne voie pas le truc.

---

1. Anne-Cécile Beaudoin et Élisabeth Lazaroo, « Karl Lagerfeld, l'étoffe d'une star », article cité.

2. Entretien avec l'auteur.

Seul en scène

Ce jeudi 5 juin 2008, une foule compacte s'est massée derrière les barrières, sous l'écran géant. Le président de la République Nicolas Sarkozy et son épouse Carla Bruni, Bernadette Chirac, Bertrand Delanoë, Frédéric Mitterrand, Valentino, John Galliano, Sonia Rykiel, Bernard-Henri Lévy et Arielle Dombasle saluent les uns après les autres Pierre Bergé, avant de monter les marches de l'église Saint-Roch, à Paris. Yves Saint Laurent est mort. Le cercueil du couturier français reçoit les applaudissements de la foule.

Dans l'église, Victoire Doutreleau a été placée dans les rangs réservés à Dior. Elle cherche des yeux son ami. « Je n'ai pas vu Karl à l'enterrement. A-t-il reçu le carton ? Je n'en sais rien[1]. »

---

1. *Un jour, un destin : Karl Lagerfeld, être et paraître*, *op. cit.*

Il y a fort à parier qu'en effet aucune invitation n'est parvenue au couturier. Serait-il pour autant venu ? En réalité, Karl ne serait pas loin, travaillant dans son bureau de la rue Saint-Guillaume.

De toute façon, il est de notoriété publique qu'il déteste les enterrements. Cette absence marque le dernier acte de sa rivalité avec Saint Laurent. Derrière la distance qu'il affiche à ce moment précis, que peut-il ressentir réellement ? Les souvenirs de sa rencontre avec Yves Saint Laurent remontent sans doute à sa mémoire. Les années d'insouciance lorsque, à bord de sa décapotable, il faisait visiter au jeune homme fraîchement débarqué d'Algérie la ville comme s'il la connaissait depuis toujours… Les longues discussions, chez lui, au petit matin, lorsque Pierre Bergé n'était pas encore entré dans leur cercle… Ces années-là, il doit peut-être les regretter, pas les suivantes.

La rivalité feutrée des premiers temps avec Saint Laurent avait explosé quand Jacques de Bascher s'était aventuré dans le camp adverse, avant de se transformer en guerre à couteaux tirés. « C'était son grand rival. Durant la semaine des collections, c'était Chanel, Saint Laurent, pas

Dior, rappelle Janie Samet. Le gros concurrent, l'ennemi à abattre, c'était Saint Laurent[1]. » Karl n'a jamais eu la langue dans sa poche quand une occasion lui était donnée de fustiger son ancien ami. En 2002, un journaliste lui demande ce qu'il pense de la décision de Saint Laurent de mettre un terme à sa carrière : « À vrai dire, je m'en fous. [...] L'époque change toute seule, ce n'est pas parce que quelqu'un s'arrête que l'époque change. Il y a ce qu'il faut. Donc cela ne manque à personne s'il y en a un de moins. Mais je trouve qu'ils ont de la chance d'avoir Tom Ford, et que c'est très, très bien ce qu'il a fait, et que l'image est forte en prêt-à-porter. Donc bravo Tom[2]. » En saluant le travail du créateur qui montait chez Saint Laurent, Lagerfeld enterrait avant l'heure son ancien ami. Une réponse parmi d'autres à des attaques en règle. Janie Samet se souvient de ce que lui avait raconté Yves au cours d'une interview : « "J'ai fait un rêve étrange, cette nuit. J'ai rêvé que je me promenais dans Paris avec

1. *Un jour, un destin : Karl Lagerfeld, être et paraître*, *op. cit.*
2. Journal télévisé, Xavier Collombier, Midi Paris Île-de-France, 22 janvier 2002.

Coco Chanel. Nous arrivions tout à coup devant la vitrine de la rue Cambon, et elle et moi on regardait la vitrine et on se mettait à pleurer.” N’est-ce pas extraordinairement et insidieusement méchant[1] ? »

Yves est donc mort, et Karl, bien vivant. La voyante consultée avec son ami à leurs débuts avait raison. Le succès d’Yves fut fulgurant, le sien plus lent à s’imposer, mais il est advenu. Elle avait parlé d’*exemplaires*, de *multiplication*… Après l’industrie du prêt-à-porter, de nouvelles commandes affluent. Les marques les plus diverses font appel à ses talents. Il dessine des espaces architecturaux, des paires de lunettes, des calendriers, illustre un dictionnaire, conçoit des publicités et crée une bûche de Noël pour un grand traiteur. Il réalise des photographies d’art. Il a fondé une maison d’édition et a ouvert sa propre librairie. Il dessinait des costumes pour le cinéma et des décors de théâtre, il persévère. Parallèlement, il continue de travailler pour

1. *Un jour, un destin : Karl Lagerfeld, être et paraître*, *op. cit.*

Chanel, Fendi et sa propre marque. Son image est exploitée sur tous les supports. Il pose en gilet jaune pour la Sécurité routière, prête sa voix à un personnage de dessin animé ou de jeu vidéo, commente des mariages princiers à la télévision. Il joue même Dieu dans le clip « Saint-Tropez » de Jean Roch. Il manipule plusieurs marionnettes à la fois.

Sur la rive gauche, boulevard Saint-Germain, non loin de ses bureaux, la boutique qui porte son nom affiche une nouvelle gamme de produits, tous à son effigie. Elle représente, dit la publicité, « tout ce qu'est Karl Lagerfeld : intemporel, ironique, sophistiqué et cool ». Pas un jour ne passe sans que soit annoncée une nouvelle collaboration entre sa marque et un géant de la consommation. Les décors monumentaux qu'il dessine pour ses défilés Chanel sont attendus comme des happenings artistiques. Ils seront vus dans le monde entier. Il dessine deux suites pour le Crillon, où il rêvait d'habiter à dix-sept ans, reçoit la médaille Grand Vermeil de la ville de Paris, devant une tour Eiffel plus vraie que nature recréée sous la verrière du Grand Palais.

La mode fut pour lui un moyen de réaliser une ambition, cette vision d'enfant qui n'a jamais dévié : être le dessinateur de sa propre histoire, un monarque français adapté à l'air du temps. « Son personnage est devenu tellement important qu'il a supplanté le couturier. Sa profession est d'être une poupée[1] », résume Tan Giudicelli.

Qu'est devenu le petit garçon allemand qui dessinait tout seul et en silence dans une campagne lointaine ? Finalement, quelle est la taille des blessures bien réelles que la vie lui a infligées, lui qui a passé tant de temps à les recouvrir ? « Il reste qui il est, résume Victoire Doutreleau. Rien ne transparaît chez lui de tout ce qu'il a aimé, ou de tout ce qu'il a détesté[2]. »

1. Entretien avec l'auteur.
2. Entretien avec l'auteur.

Sans laisser de trace

Lecteur des *Mots* de Sartre, Karl sait depuis longtemps que tout vient de l'enfance. Et que tout y mène. « Un jour, quand je serai un petit vieux, j'aurai donc rétréci, je vivrai avec le canapé, la commode, les bergères, la table sur laquelle j'écrivais et dessinais… Et je dormirai dans mon lit d'enfant. Au mur, j'accrocherai les mêmes tableaux. Et peu m'importe de savoir si ma mère les avait mis là pour s'en débarrasser. Je n'ai pas connu la vie sans ça, je suis né avec eux. C'est une continuité puérile. Presque sentimentale[1]. »

Pour l'heure, les lueurs des bateaux-mouches glissant sur la Seine ne peuvent rivaliser avec la

1. Colombe Pringle, « Je déteste les riches qui vivent au-dessous de leurs moyens », *L'Express*, 11 novembre 1999.

lumière crue, allumée toute la nuit, qui atténue les ombres de son nouvel appartement du quai Voltaire. Autre fidélité au passé : le créateur vit désormais à quelques numéros d'une de ses premières adresses parisiennes, non loin de l'hôtel où Wagner et Oscar Wilde ont dormi et où Baudelaire écrivit *Les Fleurs du mal.*

La nuit, il existe un autre Karl Lagerfeld, habillé d'une longue chemise blanche qu'il porte pour dessiner comme pour dormir. Celui-là, seule Choupette le connaît. Elle seule a vu la méticulosité extrême d'un homme qui ne veut pas être surpris. « Il m'a dit qu'avant de se coucher, il se peignait le plus soigneusement possible, il s'habillait pour la nuit le plus proprement et le plus joliment possible au cas où il mourrait la nuit, pour qu'on le retrouve digne[1] », confie son ami d'adolescence Francis Veber.

Pour que la légende se transforme en mythe, que la maîtrise soit parfaite jusqu'au bout, que son intimité reste secrète à jamais, il voudrait

1. *Un jour, un destin : Karl Lagerfeld, être et paraître*, *op. cit.*

procéder comme le baron Eduard von Keyserling : brûler tous ses papiers et les preuves de son passage ici-bas. Il souhaite que ses cendres rejoignent celles de Jacques et de sa mère. « Elles sont dans un endroit tenu secret avec celles de ma mère. Un jour, on y ajoutera les miennes. Mais je ne veux pas d'enterrement, rien. Je suis arrivé un jour, et un jour je partirai. Qu'on se le dise, il n'y a pas d'urgence[1]. » Comme les animaux de la jungle, il veut se cacher pour disparaître et ne pas être retrouvé. De lui ne devra subsister qu'un trait, une silhouette.

Qui reprendra le flambeau de Karl Lagerfeld ? Pour lui succéder à la tête de la rue Cambon, il n'a officiellement désigné personne. Il faudrait probablement plusieurs créateurs pour égaler sa force de travail, sa volonté et son talent. Qui sera son héritier, à lui qui n'a jamais voulu avoir d'enfant ? « Ce qui m'aurait le plus angoissé, répète-t-il souvent, vient de cette phrase que j'ai

---

1. Marie Ottavi, *Jacques de Bascher, dandy de l'ombre*, *op. cit.*

entendue : “Le meilleur moment de la vie d’un père, c’est quand il s’aperçoit que son fils est médiocre.” Je n’aurais pas trop apprécié[1]. » Qui héritera de sa fortune ? Choupette, cette chatte devenue le prolongement de lui-même, comme il le déclare parfois ? Elle a certes un compte en banque à son nom, pour les sommes gagnées lorsqu’elle est photographiée, notamment par son maître... Ou bien ses proches ? Mais qui, puisqu’il déclare qu’il n’a plus de famille ? Comme pour les décors de sa vie, il s’est toujours constitué des cercles d’élection, préférant les « affinités électives » aux liens contraints. Parmi ces liens du cœur, le jeune fils du mannequin Brad Kroenig, Hudson, devenu son filleul, dont il tient souvent la main en saluant à la fin des défilés. Lors de ses voyages parisiens, le garçon exigerait de descendre au Ritz. « Il a dit : “Je ne vais pas au Meurice, il n’y a pas de piscine.” [...] Quelqu’un lui a dit : “Mais, c’est beaucoup plus cher ! – Écoutez, je paye la différence.”

1. Marianne Mairesse, « Le petit monde de Karl Lagerfeld », article cité.

À huit ans[1]... » Lorsque Karl Lagerfeld raconte cette anecdote devant une caméra de télévision, une pointe de fierté peut se lire dans son attitude : elle rappelle celle de l'ancien petit adulte qui, lui aussi, n'avait peur de rien.

1. *Habillées pour l'hiver 2018*, produit et présenté par Mademoiselle Agnès, La la la productions, réalisé par Loïc Prigent, Canal +, mai 2017.

Épilogue

En 1884, l'écrivain préféré de Jacques de Bascher, Joris-Karl Huysmans, écrivait dans *À rebours* à propos de son héros des Esseintes : « Il était, dans la rue de Rivoli, devant le *Galignani's Messenger*. Séparées par une porte aux verres dépolis couverts d'inscriptions et munie de passe-partout encadrant les découpures de journaux et des bandes azurées de télégrammes, deux grandes vitrines regorgeaient d'albums et de livres[1]. » Plus de cent trente ans après le personnage de fiction, Karl Lagerfeld lui ressemble quand il se trouve devant la vitrine de la librairie anglaise où il a ses habitudes. Après avoir passé la porte vitrée

1. Joris-Karl Huysmans, *À rebours*, Gallimard, coll. « Folio classique », 1977.

coulissante, il lui suffit de se faufiler entre les rayonnages pour consulter le tiroir qui lui est réservé, où les libraires qui le connaissent par cœur placent les livres susceptibles de l'intéresser. Ses lunettes noires relevées, on peut parfois le voir feuilleter les ouvrages délicatement. « Karl Lagerfeld s'intéresse à tout ce qui constitue le Beau, note discrètement la directrice du lieu, Danielle Cillien-Sabatier. Poésie, littérature classique anglaise, romans américains contemporains, essais politiques, l'histoire, l'architecture, les arts décoratifs du XVIIIe tout comme les Wiener Werkstätte, la photographie, la mode dans toutes ses expressions… Il est l'illustration parfaite de ce que Nietzsche nommait le gai savoir. Il en sait d'ailleurs souvent bien plus que les livres[1]. » Encore et toujours, il les achète en plusieurs exemplaires. Il est connu pour revenir souvent discuter des erreurs soigneusement repérées et listées.

En sortant de la librairie, il s'arrête peut-être parfois un instant sous les arcades. À droite de la rue, là-bas, la boutique où son père lui permit d'acheter ses premières chemises, et qui demeura

1. Entretien avec l'auteur.

son fournisseur, Hilditch and Key. De l'autre côté, à quelques numéros de là, au 202, rue de Rivoli, se trouve l'appartement avec vue sur les Tuileries que Jacques de Bascher habitait à la fin de sa vie et qui n'aurait pas bougé depuis sa mort en 1989. Karl continuerait même à en payer le loyer. Encore une légende circulant dans certains cercles. Le créateur a-t-il encore la clé des lieux ? S'y glisse-t-il en secret, la nuit, comme il se rendait rue Cambon pour finaliser sa première collection Chanel au début des années quatre-vingt ?

Inutile de demander à Karl Lagerfeld. Il jouerait avec cette histoire comme avec une pelote de laine. Il démentirait avec force ou en ferait une légende.

Comme d'habitude, la voiture l'attend, avant qu'il ne s'y engouffre, des livres à la main, sous la lumière dorée des réverbères. Il est connu pour prendre son temps. Et, décidément, Paris est bien la plus belle ville du monde.

Repères bibliographiques

Ouvrages

Laurence Benaïm, *Yves Saint Laurent*, Grasset, 2002.

Werner Busch, *Menzel*, Hazan, 2015.

Victoire Doutreleau, *Et Dior créa Victoire*, Le Cherche Midi, 2014.

Alicia Drake, *Beautiful People*, Denöel, 2008 ; Gallimard, coll. « Folio », 2010.

Jean-Claude Houdret, *Le Meilleur des régimes*, Robert Laffont, 2002.

Patrick Hourcade, *La Puissance d'aimer*, Michel de Maule éditeur, 2012.

François Jonquet, *Jenny Bel'Air, une créature*, Pauvert, 2001.

Karl Lagerfeld, *A portrait of Dorian Gray*, Steidl, 2004.

Karl Lagerfeld, *Ein deutsches Haus*, Steidl, 1997.

Karl LAGERFELD, *Parcours de travail*, Steidl, 2010.

Antonio LOPEZ, *Instamatics*, Twin Palms publishers, 2012.

Alain MONTANDON (dir.), *Dictionnaire du dandysme*, Éditions Champion, 2016.

Philippe MORILLON, *Une dernière danse ? 1970-1980, Journal d'une décennie*, Édition 7L, 2009.

Paul MORAND, *L'Allure de Chanel*, Gallimard, coll. « Folio », 2009.

Jean-Christophe NAPIAS et Patrick MAURIÈS, *Le Monde selon Karl*, Flammarion, 2013.

Marie OTTAVI, *Jacques de Bascher, dandy de l'ombre,* Séguier, 2017.

Paquita PAQUIN, *Vingt ans sans dormir*, Denoël, 2005.

Roger PEYREFITTE, *Voltaire et Frédéric II*, Albin Michel, 1992.

Anna PIAGGI et Karl LAGERFELD, *Karl Lagerfeld: A Fashion Journal*, New York, 1986.

Paul SAHNER, *Karl*, mvg Verlag, 2015.

Janie SAMET, *Chère haute couture*, Plon, 2006.

Peter SCHLESINGER, *A Chequered Past, My Visual Diary of the 60's and 70's*, Thames & Hudson, 2004.

Francis VEBER, *Que ça reste entre nous*, Robert Laffont, 2010.

Et

Elizabeth von ARNIM, *Elizabeth et son jardin allemand* (1899), Bartillat, 2011.

Honoré de BALZAC, *Béatrix*, Gallimard, coll. « Folio classique », 1979.

Francis Scott FITZGERALD, *Gatsby le Magnifique*, LGF, 1976.

Joris-Karl HUYSMANS, *À rebours*, Gallimard, coll. « Folio classique », 1977.

Joris-Karl HUYSMANS, *Là-bas*, Gallimard, coll. « Folio classique », 1985.

Eduard von KEYSERLING, *Été brûlant*, in *Œuvres choisies-Histoires de château*, Thesaurus/Actes Sud, 1986.

D. H. LAWRENCE, *Femmes amoureuses*, Gallimard, coll. « Folio », 1988.

Paul MORAND, *L'Allure de Chanel*, Gallimard, coll. « Folio », 2009.

Catherine POZZI, *Très haut amour*, Gallimard, coll. « Poésie », 2002.

Jean-Paul SARTRE, *Les Mots*, Gallimard, coll. « Folio », 1972.

Evelyn WAUGH, *Retour à Brideshead*, Robert-Laffont, coll. « Pavillons poche », 2017.

Oscar WILDE, *Le Portrait de Dorian Gray*, LGF, 1972.

DOCUMENTS ÉCRITS

Dominique BRABEC, « Un dandy discret », *L'Express*, 10-16 avril 1972.

Joel STRATTE-MCCLURE, « What Karl Lagerfeld Finds in Creation ? », *Herald Tribune*, 14 décembre 1979.

Jacques BERTOIN, « Karl Lagerfeld, marginal de luxe », *Le Monde-dimanche*, 27 avril 1980.

Hebe DORSEY, « Chanel Goes Sexy », *International Herald Tribune*, 19 octobre 1982.

Gérard LEFORT, « Karl Lagerfeld, le tailleur Chanel », *Libération*, 24 janvier 1984.

Guillemette de SAIRIGNÉ, « Style : le prince Karl », *Le Point*, 12 janvier 1987.

Marie-Amélie LOMBARD, « Karl Lagerfeld : ce que je pense d'Inès », *Le Figaro*, s.d.

M. H, « La guerre des boutons », *Le Figaro*, 21 juillet 1988.

Janie SAMET, « Porte ouverte… Chez », *Le Figaro*, 22 août 1989.

Françoise LEPELTIER, « Karl Lagerfeld : retrouver l'Europe des Lumières », *Le Figaro*, 6 décembre 1991.

Michel HENRY, « Les jours et les nuits de Poulet-Dachary », *Libération*, 31 août 1995.

Colombe PRINGLE, « Je déteste les riches qui vivent au-dessous de leurs moyens », *L'Express*, 11 novembre 1999.

Vincent NOCE, « Collection Lagerfeld : vente décousue », liberation.fr, 2 mai 2000.

« Karl Lagerfeld ravi de sa vente », article non signé, liberation.fr, 4 mai 2000.

A.T., « DSK-Lagerfeld : présomptions de gros cadeau », *Libération*, 7 juin 2001.

Pepita DUPONT, « Karl Lagerfeld : Le plus coûteux, ce sont toutes les crèmes que j'achète pour que ma peau ne ressemble pas au plissé d'une robe de Fortuny », *Paris Match*, 21 novembre 2002.

Serge RAFFY, « Karl le téméraire », *Le Nouvel Observateur*, 1er juillet 2004.

Françoise-Marie SANTUCCI et Olivier WICKER, « Lagerfeld, mercenaire de la provocation », 13 novembre 2004.

Marianne MAIRESSE, « Le petit monde de Karl Lagerfeld », *Marie-Claire*, 1er juillet 2005.

Marie-Claire PAUWELS, « Karl le magnifique », *Le Point*, 7 juillet 2005.

Aurélie RAYA et Caroline TOSSAN, « A star is Karl », *Paris Match*, 9 septembre 2007.

Loïc PRIGENT, « Partir à Paris avec Karl Lagerfeld », *Air France magazine*, décembre 2007.

Sylvia JORIF et Marion RUGGIERI, « L'homme sans passé », *Elle*, 22 septembre 2008.

Françoise-Marie SANTUCCI et Olivier WICKER, « Lire… la chose la plus luxueuse de ma vie », *Libération*, 22 juin 2010.

BAYON, « Karl Lagerfeld, entre les lignes de Keyserling », *Libération*, 6 novembre 2010.

Virginie MOUZAT, « Un déjeuner chez Karl Lagerfeld à Paris », *Le Figaro*, 20 août 2011.

Sylvia JORIFF, « Vis ma vie de Karl Lagerfeld », *Elle*, 16 mars 2012.

Cédric MORISSET, « Dans le vaisseau amiral de Karl Lagerfeld », *AD*, 5 juin 2012.

Olivier WICKER, « Karl Lagerfeld se livre. Une interview exclusive pour le magazine *Obsession* », *Le Nouvel Observateur*, 23 août 2012.

Christophe ONO-DIT-BIOT, « La vie selon Karl Lagerfeld », *Le Point*, 1er novembre 2012.

Anne-Cécile BEAUDOIN et Élisabeth LAZAROO, « Karl Lagerfeld, l'étoffe d'une star », *Paris Match*, 25 avril 2013.

Olivia de LAMBERTERIE, « Je sais dessiner, lire, parler, et c'est tout », *Elle*, 27 septembre 2013.

Guillemette FAURE, « J'y étais… à la master class de Karl à Sciences Po », *M Le magazine du Monde*, 29 novembre 2013.

Anne-Florence SCHMITT, Richard GIANORIO, « Je suis un mercenaire », *Madame Figaro*, 3 octobre 2014.
Richard GIANORIO, « Karl Lagerfeld : “Je suis au-delà de la tentation” », *Madame Figaro*, Lefigaro.fr, 28 juin 2015.
Loïc PRIGENT, « Karl Lagerfeld, l'inoxydable », *Les Échos week-end*, 16 octobre 2015.
Élisabeth LAZAROO, « Fendi et Karl fêtent leurs noces d'or », *Paris Match*, 8 juillet 2015.
Élisabeth LAZAROO, « Karl Lagerfeld : Brigitte Macron a les plus belles jambes de Paris », *Paris Match*, 21 juillet 2017.

DOCUMENTS SONORES ET AUDIOVISUELS

Karl Lagerfeld et Yves Saint Laurent jeunes couturiers, magazine féminin, produit par Maïté CÉLÉRIER DE SANNOIS, RTF, 7 janvier 1955.
« Des dessous discutés », *Dim Dam Dom*, ORTF, réalisé par Rémy GRUMBACH, produit par Daisy de GALARD, 12 mai 1968.
« Mode : styliste Karl Lagerfeld », journal de 13 heures, ORTF, 27 avril 1970.

« Mode Chanel », journal télévisé de 20 heures, Isis LAMY et Jacques CHAZOT, ORTF, 22 juillet 1970.
Treffpunkte Lagerfeld, SWR, 17 juillet 1973.
« Collection Chanel », *Aujourd'hui, la vie*, Marie-José LEPICARD, réalisé par Ado KYROU, Antenne 2, 11 mars 1983.
Gaumont Pathé archives, 25 octobre 1984.
Portrait, Jean-Louis PINTE, Stefan ZAPASNIK, réalisé par Pierre SISSER, produit par Denys LIMON et Claude DEFLANDRE, FR3, 23 janvier 1987.
Bains de minuit, présenté par Thierry ARDISSON, réalisé par Franck LORDS, produit par Thierry ARDISSON et Catherine BARMA, La Cinq, 4 mars 1988.
Journal de 13 heures, William LEYMERGIE et Patricia CHARNELET, Antenne 2, 18 mars 1988.
Journal de 13 heures, Sophie MAISEL, France 2, 22 novembre 1997.
Journal télévisé, Xavier COLLOMBIER, Midi Paris Île-de-France, 22 janvier 2002.
Lagerfeld confidentiel, réalisé par Rodolphe MARCONI, produit par Grégory BERNARD, 24 octobre 2007.
Double je, produit et présenté par Bernard PIVOT, réalisé par Bérangère CASANOVA, France 2, 27 février 2003.
Karl Lagerfeld, un roi seul, collection « Empreintes », réalisé par Thierry DEMAIZIÈRE et Alban TEURLAI,

produit par Éléphant et Falabracks, France 5, 3 octobre 2008.

Karl Lagerfeld : Le Grand Entretien, François BUSNEL, France Inter, 23 novembre 2012.

Karl se dessine, réalisé par Loïc PRIGENT, produit par Story Box, Arte, 2 mars 2013.

Le Divan, Marc-Olivier FOGIEL, France 3, 24 février 2015.

Yves Saint Laurent, Karl Lagerfeld : une guerre en dentelles, collection « Duels », réalisé par Stephan KOPECKY, produit par Et la suite… !, France 5, 1er janvier 2015.

« 1983 : Inès de la Fressange devient l'égérie exclusive de la maison Chanel », *Moment fort de mode*, Fashion network, 13 août 2014.

Un jour, un destin : Karl Lagerfeld, être et paraître, collection documentaire de Laurent DELAHOUSSE, réalisé par Laurent ALLEN-CARON, produit par Magnéto Presse, France 2, 19 février 2017.

Remerciements

Je tiens à adresser ici mes chaleureux remerciements à celles dont la confiance, l'écoute et la bienveillance continues me furent nécessaires et précieuses :

Toute l'équipe des éditions Fayard.

Ce portrait n'existerait pas sans tous ceux qui ont bien voulu témoigner. Je les en remercie. Philippe Aghion, Daniel Alcouffe, Bernard Arnault, Thomas de Bascher, Xavier de Bascher, Diane de Beauvau-Craon, Jenny Bel'Air, Laurence Benaïm, Hans-Joachim Bronisch, Claude Brouet, Danielle Cillien-Sabatier, Vincent Darré, Bernhard-Michael Domberg, Victoire Doutreleau, Christian Dumais-Lvowski, Pepita Dupont,

Hélène Guignard, Tan Giudicelli, Corey Grant Tippin, Sylvie Grumbach, Ronald Holst, Jean-Claude Houdret, Patrick Hourcade, Sylvia Jahrke, Elfriede von Jouanne, Olivier Labesse, Sophie de Langlade, Frédérique Lorca, Philippe Morillon, Paquita Paquin, Pierre Passebon, Bertrand Pizzin, Janie Samet, Géraldine-Julie Sommier, Kenzo Takada, Cheska Vallois, Bertrand du Vignaud, Karl Wagner.

Je tiens également à remercier chaleureusement Laurent Delahousse. Ce livre est le prolongement d'un documentaire que j'ai écrit et réalisé pour sa collection, *Un jour, un destin*, produite par Magnéto Presse et diffusée sur France 2. Son écoute juste et bienveillante m'a donné la confiance nécessaire.

Merci également à Elfriede Leca, Marc Berdugo, Serge Khalfon, Erwan L'Éléouet, Fabien Boucheseiche, Sarah Briand, Sophie Tonelli, et Gabriel Buti, Dorothée Creel, Samantha Baugard, Élise Bronsart, Floriane Gillette, Rémy Bidarra.

Merci à Patrick de Sinety et Hervé Léger, dont les voix résonnent toujours entre les lignes de ce livre.

Merci enfin à Pierre Barillet, Gianni Bastelica, Anthony Bobeau et Stéphane Morand.

L'auteur et l'éditeur tiennent à remercier Jean-Marc Parisis pour sa participation à l'écriture de cet ouvrage.

Table des matières

Composition et mise en pages
Nord Compo à Villeneuve-d'Ascq

Cet ouvrage a été imprimé en France par
CPI Brodard & Taupin
Avenue Rhin et Danube
72200 La Flèche (France)

pour le compte des Éditions Fayard
en décembre 2018

PAPIER À BASE DE
FIBRES CERTIFIÉES

Fayard s'engage pour l'environnement en réduisant l'empreinte carbone de ses livres. Celle de cet exemplaire est de :
400 g éq. CO_2
Rendez-vous sur www.fayard-durable.fr

N° d'édition : 60-1527-6/1 - N° d'impression : 3030539